INFLUENCE

DE LA

LANGUE ROMANE RUSTIQUE

SUR

LES LANGUES DE L'EUROPE LATINE,

PAR M. RAYNOUARD,

MEMBRE DE L'INSTITUT ROYAL DE FRANCE (ACADÉMIE FRANÇAISE, ET ACADÉMIE DES INSCRIPTIONS ET BELLES-LETTRES), SECRÉTAIRE PERPÉTUEL HONORAIRE DE L'ACADÉMIE FRANÇAISE, ETC.

Antiquam exquirite matrem.
VIRG.

A PARIS,

DE L'IMPRIMERIE DE CRAPELET,

RUE DE VAUGIRARD, N° 9.

1836.

DE
LA LANGUE ROMANE RUSTIQUE.

L'EXAMEN approfondi de l'état de cette langue, employée dans les serments de 842, me permettra d'indiquer les nombreuses affinités, les rapports souvent identiques, des six langues néolatines :

La langue des troubadours,
La langue catalane,
La langue espagnole,
La langue portugaise,
La langue italienne,
La langue française.

J'entreprends, pour la lexicographie de ces idiômes, ce que j'ai tâché d'exécuter pour la comparaison de leurs formes grammaticales.[1]

J'ose espérer que le résultat de mes investigations démontrera évidemment l'origine commune des diverses langues de l'Europe latine, et ne laissera plus aucun doute sur l'existence ancienne d'un type primitif, c'est-à-dire d'une langue intermédiaire, idiôme encore grossier sans doute, mais qui pourtant était dirigé par des principes rationnels, notamment quand il s'appropriait, sous des formes nouvelles, plusieurs des mots de la langue latine.

A l'époque où l'irruption des hordes du Nord eut conquis, ou pour mieux dire dévasté les provinces méri-

[1] Voy. le tome VI du *Choix des Poésies originales des Troubadours;* des exemplaires de ce volume avaient été tirés à part, sous le titre de *Grammaire comparée des Langues de l'Europe latine dans leurs rapports avec la Langue des Troubadours*. Paris, Firmin Didot, 1821, in-8.

dionales de l'empire romain, les hommes de l'invasion d'abord campés sur les débris de cet empire, et les anciens habitants qui avaient échappé aux périls et aux malheurs de la destruction, éprouvèrent également le besoin d'exprimer les uns aux autres les idées, les sentiments qui, à chaque jour, à chaque heure, à chaque instant, exigeaient une rapide et intime communication; mais les anciennes populations n'entendaient presque plus la langue latine, et les étrangers l'entendaient moins encore.

Cette crise morale et politique, ces nécessités réciproques, favorisèrent la création d'une nouvelle langue dérivée du latin, ce fut la romane rustique. [1]

Me demandera-t-on à quelle époque précise la langue latine, ainsi modifiée et remaniée, devint un nouvel idiôme à l'usage des populations qui occupaient le midi de l'Europe?

Je répondrai, sans hésiter, que la transmutation était, sinon entièrement achevée, du moins très avancée, lors des serments de 842; j'aurais pu même dire long-temps avant ces serments, puisque leur existence suppose un langage déjà convenu dans une nation, entendu et compris par les princes, les grands et le peuple, qui figurèrent tour à tour dans ces actes solennellement politiques.

Ces serments ont conservé et transmis des exemples, des fragments, sans doute trop peu considérables de cette rustique romane, annoncée comme populaire dans les conciles de 813; toutefois ces débris suffisent à constater l'existence d'un idiôme fortement esquissé, qui déjà se suffisait à lui-même, parce qu'il possédait les habiles moyens de former, d'après un système à la fois facile et arrêté, les mots nécessaires aux com-

[1] Voyez les *Éléments de la Langue romane avant l'an* 1000; tome Ier du *Choix des Poésies originales des Troubadours*. Paris, Firmin Didot, 1816.

munications de la famille et de la société, et à la marche de la civilisation; aussi j'ose dire que les serments de 842 n'appartiennent pas seulement à une époque de création, mais encore à une époque de progrès.

Cet idiôme rustique roman était évidemment celui des habitants de l'empire français, sujets de Charles-le-Chauve, auxquels s'adressait le serment de Louis-le-Germanique, comme parties intéressées à son exécution, et qui eux-mêmes, se rendant garants des promesses de Charles-le-Chauve leur prince, répondirent dans le même langage.

Je l'ai déjà dit, et je le répète : le style de ces serments est encore grossier et informe; il paraît barbare aux personnes qui n'ayant pas fait une étude approfondie des langues néolatines, n'ont pas étudié leur origine, et, pour ainsi dire, assisté à leur formation, aussi simple qu'ingénieuse; mais j'espère fournir les moyens de juger moins sévèrement cette romane rustique.

Mettrai-je sur le compte des copistes quelques fautes de transcription qui leur sont évidemment échappées? Non, sans doute. Ne suffit-il pas que les textes des deux serments offrent, dans leur ensemble et dans leurs détails, plusieurs accidents lexicographiques et grammaticaux, singulièrement remarquables et incontestablement décisifs, soit par leur existence en 842, soit par leur influence sur les langues de l'Europe latine?

Voici le texte de ces serments :

SERMENT DE LOUIS LE GERMANIQUE.

Pro DEO AMUR ET pro XRISTIAN POBLO ET NOSTRO COMMUN SALVAMENT D'IST DI EN AVANT, IN QUANT DEUS *savir* ET *podir* ME *dunat*, SI SALVARAI EO CIST *meon* FRADRE KARLO ET IN AJUDHA ET IN CADHUNA COSA, SI

CUM OM PER DREIT SON *fradra* SALVAR dist, IN O quid IL MI ALTRESI fazet; ET AB LUDHER NUL PLAID *nunquam* PRINDRAI QUI, *meon* VOL, CIST *meon* FRADRE KARLE IN damno sit.[1]

SERMENT DU PEUPLE FRANÇAIS.

SI LODUUIGS SAGRAMENT QUE SON FRADRE KARLO jurat, conservat, ET *Karlus, meos* sendra, DE SUO PART NON LO stanit; SI IO RETURNAR NON L'*int pois,* NE IO, NE *neuls* cui EO RETURNAR *int pois,* IN NULLA AJUDHA CONTRA LODUWIG *nun* LI iver.

OBSERVATIONS SUR LES SERMENTS.

Dans le serment de Louis-le-Germanique se trouve le mot SALVA*ment;* il n'était pas fourni par la langue latine, qui n'a que SALVA*tio*.

Qu'on ne soit pas surpris de cette transmutation; la romane rustique possédait déjà l'artifice lexicographique de s'approprier la racine des mots latins, et d'y adapter des désinences différentes et spéciales.[2]

C'est une circonstance très remarquable que ce rema-

[1] 1°. Les lettres capitales indiquent les mots qui sont restés dans une ou plusieurs des langues néolatines;

2°. Les lettres italiques, les mots qui, avec une très légère modification, telle que le changement ou la suppression d'une voyelle, d'une consonne, appartiendraient à une ou plusieurs de ces langues;

3°. Les caractères romains désignent les mots purement latins;

4°. Les gothiques, les mots qui n'entrent dans aucune de ces trois classifications.

[2] Le mot SALVAMENTUM, comme latin de basse latinité, paraît, en 857, employé dans une allocution de Charles-le-Chauve, qui pourrait bien n'être que la traduction d'un texte roman, et qui conserve beaucoup des tournures des serments de 842.

niement du mot SALVA*tio* par la romane rustique, mais ce qui est plus étonnant c'est que le substantif SALVA*ment* se retrouve dans les six langues néolatines :

TROUB. *Salvament.* CAT. *Salvament.* ESP. *Salvamiento.*
PORT. *Salvamento.* IT. *Salvamento.* FR. *Saulvement.*

M'accusera-t-on de me faire illusion quand je trouve, dans un fait aussi frappant, la preuve d'une antique et incontestable affinité entre les langues néolatines, c'est-à-dire l'évidence d'un type commun, d'après lequel chacune s'est ensuite développée, en s'abandonnant au caractère particulier qui l'a distinguée?

Objectera-t-on que c'est là un phénomène qu'une série de circonstances heureuses a produit? Je répondrai en citant un autre mot qui, dans le même serment, offre une pareille transformation. C'est le mot roman AJUD*ha* au lieu d'ADJU*torium* latin; la rustique romane avait changé ce dernier substantif neutre en un substantif féminin roman, AJUD*ha*, employé dans le serment de Louis-le-Germanique et dans celui du peuple français.[1]

Ce même mot, dont la transmutation était jusqu'à présent restée inaperçue, comme celle de SALVA*tio* en SALVA*ment*, se retrouve aussi dans les six langues néolatines.

TROUB. *Ajuda.* CAT. *Ajuda.* ESP. *Ayuda.*
PORT. *Ajuda.* IT. *Ajuto.* FR. *Ajude.*

Dans le même serment de Louis-le-Germanique, il est un substantif qui n'appartient pas à la langue latine, le mot PLAID, *traité, accord, plaid.*[2]

[1] On trouve plus tard, dans la basse latinité, AJUDA, ADJUDA, qui de la langue romane avait passé dans les documents latins. Cette circonstance prouve l'influence de la romane rustique et des langues néolatines sur le latin du moyen âge; question qui mérite d'être examinée et discutée à fond.

[2] VOSSIUS, *de Vit. Serm.*, lib. IV, p. 722-3.

Ce mot est resté dans les six langues néolatines :

TROUB. *Play, plait.* CAT. *Plet.* ESP. *Pleyto.*
PORT. *Pleito.* IT. *Piato.* FR. *Plet, plaid.*

Qu'il me soit permis d'appeler une attention plus spéciale sur le substantif indéterminé OM roman, d'*homo* latin, employé dans le serment de Louis-le-Germanique.

Non seulement OM y remplit la fonction de substantif indéterminé, comme il la remplit toujours dans la langue française, mais encore il paraît, par les plus anciens monuments des langues néolatines, que toutes l'avaient conservé avec la même acception.

TROUB. *Om, hom.* CAT. *Hom.* ESP. *Omne, ome.*
PORT. *Ome.* IT. *Uom.* FR. *Hom, on.*

Cette forme hardie, qui, par un seul substantif, exprime une pluralité indéterminée, est très ancienne dans les langues néolatines.

Le poëme de Boèce, écrit avant l'an 1000, en offre l'emploi.

No comprari' OM ab mil libras d'argent. (v. 198.)

On n'achèterait pas avec mille livres d'argent.

Les lois de Guillaume-le-Conquérant, qui datent de la seconde moitié du XIe siècle, nous montrent plusieurs exemples de ce substantif indéterminé.

Et de taut os cum HOME trarad de la plaie.
Lois de Guillaume-le-Conquérant, art. XII.

Et d'autant d'os comme *on* tirera de la plaie.

Si femme est jugée à mort u à defaçum des membres, ki seit enceinte, ne faced l'UM justice dès qu'ele seit delivrée.
Lois de Guillaume-le-Conquérant, art. XXXV.

Si femme, qui soit enceinte, est jugée à mort ou à destruction de membres, qu'*on* ne fasse justice jusqu'à ce qu'elle soit délivrée.

La langue latine n'avait pas indiqué aux peuples qui bégayaient la romane rustique cet art d'individualiser une généralisation et de faire connaître par un substantif spécial que plusieurs personnes pensent, parlent agissent, soit ensemble, soit de la même manière.

Que cette forme ait été inventée par la romane rustique, ou qu'elle ait été empruntée d'un idiôme alors existant, la création ou l'imitation, adoptée par toutes les langues néolatines, peut-elle laisser quelque doute sur l'existence d'un type commun et primitif?

La romane rustique présente deux fois, dans le serment de Louis-le-Germanique, l'adjectif relatif CIST, formé du latin *hi*C IST*e*.

Une telle transmutation n'indique-t-elle pas une langue qui a l'art heureux de composer avec les éléments latins les mots qu'elle veut adapter aux besoins de l'expression?

CADHUN fut un mot singulièrement composé, puisque le radical CADA, auquel UN fut adapté, ne se trouve pas dans la langue latine.

Est-ce lors de ses premiers essais, et de ses tâtonnements encore indécis, qu'une langue nouvelle peut ainsi composer des mots hybrides? Non, sans doute; ce n'est que de progrès en progrès qu'elle parvient à s'approprier de telles ressources.

O, d'HO*c* latin neutre;

LO, régime, substantif relatif, *le*, s'appliquant aux choses;

L', élision de LO, régime, substantif relatif, personnel, *le*;

IL, substantif relatif, personnel, sujet, *il*;

LI, substantif relatif, personnel, régime indirect, *à lui*,

sont des créations ou transmutations qui démontrent un système grammatical et lexicographique déjà très avancé, une habileté très exercée dans l'art de dériver du latin les expressions nécessaires à la nouvelle langue.

Le QUE, adjectif relatif, qui est devenu à la fois sujet et régime dans toutes les langues néolatines, emprunté à l'accusatif latin QUE*m*, est un fait qu'il importe de signaler particulièrement. Ce QUE est devenu un mot essentiel et très usuel dans ces langues.

TROUB. *Que.* CAT. *Que.* ESP. *Que.*
PORT. *Que.* IT. *Che.* FR. *Que.*

Dans le même serment de Louis-le-Germanique, on lit l'adverbe ALTRESI, composé d'ALTER*um* SIC. Cette sorte de création lexicographique prouve évidemment l'existence non seulement actuelle, mais même très ancienne, de l'idiôme qui se donnait ainsi des adverbes composés. Ce fait seul serait très remarquable, très décisif; mais il y a plus, cet adverbe de la romane rustique s'est conservé dans les six langues néolatines.

TROUB. *Atresi.* CAT. *Altresi.* ESP. *Otrosi.*
PORT. *Outrosi.* IT. *Altresi.* ANC. FR. *Altresi.*

Cette décomposition de la langue latine et la recomposition romane ne démontrent-elles pas, jusqu'à la dernière évidence, que cette langue rustique, dont il nous reste ces deux fragments de l'an 842, possédait à un haut degré l'art de créer, avec les éléments latins, les mots qui lui convenaient pour exprimer ou plus clairement ou plus rapidement les sentiments et les idées?

De l'adverbe latin QUOM*odo*, la rustique romane, enlevant la désinence *odo*, produisit l'adverbe ou conjonction QUOM, CUM, que les langues néolatines adoptèrent.

Joint à SI, de SI*c* latin, COM forma une conjonction composée qu'on trouve dans le serment de Louis-le-Germanique.

Le poëme de Boèce employa CUM et SICUM.

Lainz contava del temporal, CUM es,
De sol et luna, cel et terra, mar, CUM es.
Poëme sur Boèce, v. 97 et 98.

Là il contait du temporel, *comme* est;
De soleil et lune, ciel et terre, mer, *comme* est.

SI CUM la nibles cobr' el jorn, lo be ma.
Poëme sur Boèce, v. 133.

Ainsi comme le brouillard couvre le jour, le bien matin.

TROUB. *Com.* CAT. ANC. ESP. ANC. PORT. ANC. IT. ANC. FR. *Com.*
IT. MOD. *Come.* FR. MOD. *Comme.*

TROUB. *Si com.* CAT. *Axi com.* ESP. *Asi como.*
PORT. *Assim como.* IT. *Si come.* ANC. FR. *Si com.*

La préposition AB, employée dans le sens d'*avec*, comme le constate le serment de Louis-le-Germanique, n'est restée que dans la langue des troubadours et dans la langue catalane.

Mais quoique AB n'ait pas été expressément conservé ou adopté par les autres langues néolatines, je dois dire que la préposition A, contraction évidente d'A*b*, quand elle offre le sens d'*avec* se retrouve dans ces langues. [1]

N'était-ce pas aussi un habile remaniement de la langue latine que de former le verbe *re*TORNAR, employé deux fois dans le serment du peuple Français, dans le sens de *ramener, détourner*, en ajoutant l'augment RE au primitif latin TORNAR*e*? [2]

Ce verbe de la romane rustique RETORNAR, a aussi été adopté par les six langues néolatines:

[1] Voyez mon *Lexique roman*, p. 3.

[2] Voyez l'introduction contenant les preuves historiques de l'ancienneté de la langue romane, t. Ier du *Choix des Poésies originales des Troubadours*, p. ix.

TROUB. *Retornar.* CAT. *Retornar.* ESP. *Retornar.*
PORT. *Retornar.* IT. *Ritornare.* FR. *Retourner.*

J'ai annoncé l'existence d'accidents grammaticaux qui prouvent que la langue romane rustique avait créé ou adopté des formes spéciales, des principes caractéristiques.

J'indiquerai notamment quatre de ces accidents dont l'existence est constatée par les serments de 842.

1°. Il en est un qui paraîtra de peu d'importance; toutefois, uni aux autres preuves, il sert à les corroborer.

Dans mes travaux précédents[1] j'avais eu occasion d'énoncer que les prépositions DE et A, qui dans l'organisation de ces langues suppléent, par leur action, au défaut des désinences indicatives des cas, étaient souvent supprimées devant les noms propres, et on sait que cette forme est long-temps restée dans la langue française, qui, aujourd'hui même, en conserve encore des vestiges dans les mots *Féte-Dieu*, *Hôtel-Dieu*, etc., etc., où DE est supprimé.

Cette forme spéciale se trouve dans les serments de 842.

Pro || *Deo amur;* DE supprimé;
|| *Cist meon fradre in damno sit;* A supprimé;
Que || *son fradre Karlo jurat;* A supprimé.

2°. La rustique romane, en acceptant les mots latins, retranchait ordinairement la désinence : de l'infinitif en AR*e*, elle fit AR, signe caractéristique du présent des infinitifs de la première conjugaison : aussi on lit dans les serments, SALV*ar*, RETURN*ar*.

3° Un des artifices grammaticaux de la nouvelle langue, fut de composer son futur de l'indicatif, en

[1] Grammaire romane, *articles*. — Grammaire comparée, etc., pages 20-22.

adaptant, à ce présent de l'infinitif, le présent ou la désinence du présent du verbe HAVER, *avoir*.

SALVAR suivi d'AI, première personne du présent de l'indicatif du verbe AVER, produisit la première personne du futur dans SALVAR*ai*.[1]

PRINDR*ai* fut formé de la même manière de l'infinitif PRINDR*e*, et d'AI première personne du présent de l'indicatif d'*aver*.[2]

Je ferai remarquer que l'existence de ces deux futurs, dans les serments de 842, démontre que la conjugaison du verbe *aver* employait AI à la première personne du singulier, et il est sans doute permis d'en conclure qu'à cette époque ce verbe possédait sa conjugaison régulière, telle qu'elle s'est trouvée établie par les preuves que des citations d'ouvrages très anciens ont fournies.

En effet, dans des actes de 960[3] on trouve :

La seconde personne du singulier en AS, DAR*as*;

La troisième personne en A, DEVEDAR*a*;

La première personne du pluriel en EM, DAR*em*;

La seconde en EZ, COMMONIR*ez*;

La troisième en AN, ABSOLVER*an*.

L'ancien français offre des exemples frappants de la

[1] J'ai eu occasion de dire et de prouver que le conditionnel roman fut formé de la même manière, en joignant au présent de l'infinitif l'imparfait ou la désinence de l'imparfait du verbe AVER.

[2] Et ainsi des autres personnes :

Sing.	2e.	SALVAR	*as*.
	3e.	SALVAR	*a*.
Plur.	1re.	SALVAR	*avem*.
	2e.	SALVAR	*avetz*.
	3e.	SALVAR	*an*.

De même de PRINDRE, PRINDR*ai*, *as*, *a*, etc.

[3] *Choix des Poésies originales des Troubadours*, t. II, p. 40 et suiv.

forme primitive de ce futur, quand, au lieu d'AUR*ai*, AUR*a*, il dit AVER*ai*, AVERAD.

> Celui qui l'AVERAD troved.
>
> *Lois de Guillaume-le-Conquérant*, art. VII.

> Ou vuelle ou non, je l'AVERAI.
>
> *Roman du Renart*, CHABAILLE. *Var.*, p. 182.

La langue des troubadours avait une sorte de futur composé *an a far;* l'espagnole dit encore *ho a far*, etc.

La langue portugaise, outre le futur ordinaire, AVER*o*, AVER*as*, etc., a conservé un futur composé :

HO DE AVER, *j'ai à avoir.*
HAS DE AVER, *tu as à avoir.*
HA DE AVER, *il a à avoir.*

Si l'on m'opposait que des langues néolatines terminent la première personne du futur au singulier, non par AI mais par È ou O, etc., je répondrais que cette circonstance même confirme le principe; car ces langues n'ont pas HAI à la première personne du verbe AVER, mais HÉ, HO, etc., etc., ensuite elles prennent à la seconde et à la troisième, AS, A, en se conformant toujours à leur propre conjugaison du verbe AVER.

L'existence des deux futurs contenus dans les serments de 842, permet donc d'admettre qu'à cette époque les règles des conjugaisons des verbes, et surtout celles du verbe AVER, étaient établies, connues et observées.

4°. Mais la circonstance qui, dans les serments de 842, achève de constater l'existence parfaite de la langue romane rustique, c'est d'y trouver son caractère le plus essentiel, sa forme la plus spéciale, le signe qui dès lors distinguait le sujet du régime par la présence ou l'absence d'un s final.

On y remarque :

Sujets.	Régimes.
DEU*s*,	*Deo.*
LODUUIG*s*,	*Loduwig.*
KARLU*s*,	*Karlo, Karle.*
MEO*s*,	*Mon, meon.*
NEUL*s*,	*Nul.*

Aucun s final n'accompagne les autres mots employés comme régimes, *amur, salvament, xristian, fradre, dreit, Ludher, plaid, vol, sagrament*, etc.

Ai-je besoin d'insister sur les conséquences qu'on peut tirer de l'existence de cette règle avant 842? Qui ne serait convaincu de l'ancienneté de la langue rustique primitive, quand on reconnaît que, dès cette époque, elle employait un mécanisme aussi simple et aussi ingénieux, et surtout aussi utile à la clarté du discours?

Tels sont les signes principaux qui révèlent dans les serments de 842 l'existence d'une langue déjà formée, soumise à des principes constants et à des règles fixes.

Ces serments contiennent cent quatorze mots.

Quatre-vingt-cinq [1] appartiennent à la romane

[1] En voici les preuves :

DEUS, DEO.

Les troubadours avaient *Deus*, sujet; et *Deu*, régime.

ANC. PORT. Qual dona *Deus* fez mellor pareçer?
Canc. do coll. dos Nobres de Lisboa, p. 58.

ANC. IT. *Deo*, voce che s'incontra frequente negli antichi, sebbene non sia per lo più in uso presso i moderni :

Sol per servire alla magion de *Deo*.
GUITT. D'AREZZO, *Not.* 371, p. 274.

AMUR.

ANC. FR. Ai-jo vers Deu greignur AMUR.
MARIE DE FRANCE, t. II, p. 412.

ET, ET, ET, ET, ET, ET, ET [1], a été employé dans toutes les langues

[1] Je crois devoir répéter les mots aussi souvent qu'ils se rencontrent dans les serments.

rustique primitive, puisqu'ils se retrouvent dans une ou plusieurs des langues néolatines.

néolatines ; quelques unes, celle des troubadours, l'ancien français, l'italien, ont parfois supprimé le T, surtout devant une consonne ; l'ancien catalan et l'ancien espagnol disaient E, *et*; ensuite ces langues ont adopté en place la conjonction Y.

XRISTIAN, de CHRISTIAN*us*, latin. Voilà une opération de la langue romane rustique sur la langue latine. Ce mot a été formé par le retranchement de la désinence latine, caractéristique du cas.

Les troubadours ont toujours employé *christian*.

Le catalan employa *cristiá*, l'A accentué équivalant à AN; l'espagnol, le portugais, l'italien, ont seulement ajouté l'o final euphonique, qui a produit CHRISTIANO.

L'ancien français conserva long-temps, surtout dans le style de la chancellerie, le type primitif de la romane rustique. On lit encore dans les ordonnances de Louis XI :

> Nostre dit Saint Père, comme bon père, et pasteur du peuple *chrestian*.
> *Ord. des Rois de France*, 1478, t. XVIII, p. 425.

POBLO. L'ancien espagnol employait ce mot, qu'il a depuis modifié en PUEBLO.

Voyez le FUERO JUZGO, *passim*, et le *Glosario de Voces antiguadas*, etc., qui est à la suite.

NOSTRO.

ANC. ESP. IT. *Nostro*.

COMMUN, de COMMUN*is*, latin. La langue rustique l'avait modifié en *commun* par le retranchement de la désinence latine.

TROUB. *Comun*. CAT. ESP. *Commun*. PORT. *Commum*. IT. *Commune*. FR. *Commun*.

SALVAMENT. J'ai déjà fait observer que ce mot était le produit d'une opération systématique de la langue romane primitive.

La langue des troubadours, le catalan et le français conservèrent exactement cette désinence ; le français, dans ce mot, ainsi que dans beaucoup d'autres, changea l'A intérieur en E ; l'espagnol, le portugais, l'italien, joignirent à MENT la finale euphonique O.

D', DE. DE, latin, fut adopté par la langue des troubadours, par le français, le catalan, l'espagnol, le portugais, et même par l'italien, qui aujourd'hui emploie *di*; mais jadis il avait employé DE.

Quoique les dictionnaires de la langue italienne n'indiquent pas

Ce serait ici le lieu de comparer quelques uns de ces quatre-vingt-cinq mots de la langue romane rustique,

cette particularité, elle est constatée par des exemples tirés des auteurs anciens.

Lo cor fu pavent ato
De la sua annunciata.
JACOPONE DA TODI, od. VI.

Ma *de* la temperanza e pietate
La misericordia si è nata.
JACOPONE DA TODI, cant. II.

IST, CIST, CIST.

IST, d'ISTE, latin; CIST, d'*hicISTE*, latin.

La langue des troubadours adopta IST, EST.

Cette même langue, et celle des trouvères, conservèrent CIST, et employèrent CEST.

Les anciens écrivains italiens, entre autres Dante et Pétrarque, se sont servis d'ESTO, d'ESTA; mais on a prétendu, et le Tasse lui-même a partagé cette erreur [1], qu'ESTE était la sincope de *quESTO*.

Il est évident qu'ESTO, italien, venait d'IST des serments de 842.

Le *Vocabolista bolognese*, p. 146 [2], cite d'anciens vers où on trouve:

Perch' egli è re del popol d' *esto* regno.

Ainsi, il faut admettre que l'italien avait conservé cet ESTO comme la langue des troubadours et les autres langues de l'Europe latine.

TROUB. *Ist, est, cist, cest.* CAT. *Est.* ESP. PORT. *Este, isto.*
IT. *Esto, questo.* FR. *Cist, cest.*

DI, de DI*es*, latin, resté dans la langue italienne, se trouve dans l'ancien français; les troubadours ont employé DI*a*. Il ne paraît pas invraisemblable que le passage du serment DI EN eût subi en DI l'élision de l'A, DI*a en;* mais je renonce à ce qui n'est que conjectures, quelque fondées qu'elles paraissent.

EN, de IN, latin.

Ici la langue rustique romane a elle-même changé l'I en E.

Toutes les langues néolatines adoptèrent cet EN.

TROUB. CAT. ESP. *En.* PORT. *Em.* ANC. IT. FR. *En.*

Les grammairiens et les lexicographes italiens ont reconnu que l'ancien italien usait d'EN au lieu d'IN; ce qui n'est pas surprenant,

[1] Dans ses annotations sur Dante.

[2] GIO. ANTONIO BRUNALDI, *Vocabolista bolognese*, Bologna, 1660, in-12.

avec les analogues des anciennes langues germaniques et des divers idiômes du Nord; j'ose croire qu'il en résul-

puisque EN et IN sont également employés dans les serments. Mais il est à remarquer, au sujet du *d'ist di* EN *avant*, qu'EN est mêlé dans une phrase formant un adverbe composé; ce qui permet de croire que cet EN était très ancien dans la romane rustique.

Vedi da che sei indulto
EN ogni opra que vuoi fare.
JACOPONE DA TODI, lib. II, cant. 30.

EN questa gloria di mala ventura.
JACOPONE DA TODI, lib. V, cant. 23.

AVANT.

TROUB. CAT. *Avant.* ANC. ESP. *Avante.* ANC. PORT. *Avan.* FR. *Avant.*

IN, IN, IN, IN, IN, IN.

On trouve dans le poëme sur Boèce:

Tot a IN jutjamen. (v. 17.)
Tout a *en* jugement.

IN est resté dans la langue italienne.

QUANT.

TROUB. CAT. *Quant.* ESP. PORT. IT. *Quanto.* FR. *Quant.*

ME, MI.

TROUB. CAT. ESP. *Me, mi.* PORT. *Me, mim.* IT. ANC. FR. *Me, mi.* FR. MOD. *Me, moi.*

SI, SI, adverbes d'affirmation, de SIC.

TROUB. CAT. ESP. PORT. IT. ANC. FR. *Si.*

SI, SI, conjonction conditionnelle, du latin *si.*

TROUB. CAT. ESP. *Si.* PORT. IT. ANC. FR. *Se.* FR. MOD. *Si.*

SALVARAI, SALVAR. Deux formes grammaticales essentielles de la langue rustique romane, dont il a été parlé page 11.

EO, EO, d'EGO.

L'ancien italien a employé EO, comme la langue des troubadours, et le portugais *eu.*

In questa gente ch' *eo* descrivo adesso....
Ti consigli' *eo.*
BARBERINI, *Docum. d'amore*, p. 35 et 107.

terait sans doute des rapports curieux, et peut-être d'utiles éclaircissements sur les origines de plusieurs des langues européennes.

Le dictionnaire d'Alberti dit expressément d'*eo*, « che si trova frequentemente negli antichi poeti. »

FRADRE, FRADRE, FRADRE, du latin FRATREm.

TROUB. *Fraire*. CAT. *Frare*.

ANC. ESP. Los *fradres* de la casa, omes bien acordados.
V. de S. Millan, cop. 351.

IT. *Frate*. FR. *Frère*.

KARLO, KARLO, KARLE, de KAROLUS, latin.

TROUB. CAT. *Carle*. ESP. PORT. IT. *Carlo*. FR. *Carle*.

AJUDHA, AJUDHA. Voyez page 4.

CADHUNA, j'ai déjà dit que c'est un mot hybride de la romane rustique; Voyez page 7.

TROUB. *Cada us*. CAT. *Cada hú*. ESP. *Cada uno*. PORT. *Cada hum*.

COSA, du latin *causa*. Il est resté en italien.

CUM, de QUOMODO. Voyez page 8.

OM, d'HOMO. Voyez p. 6.

PER, du latin PER. Cette préposition a été adoptée par les troubadours, par la langue catalane et par la langue italienne.

On la retrouve dans l'ancien espagnol :

Fablar curso rimado *per* la quaderna via....
Cuemo se partet mundo *per* treb particion.
Poema de Alexandro, cop. 2 et 254.

Voyez le *Glosario de Voc. antig.*, placé après le FUERO JUZGO.

ANC. PORT. *Per* flechas que eron lançadas.
Coronica del re D. Joanno, part. II, p. 21.

PORT. MOD. *Pera*.

Au reste, on lit dans Paul Orose, lib. VII :

Ante biennium romanæ irruptionis, excitatæ PER Stiliconem gentes Alanorum.

Et dans la Chronique d'Idace :

Superatis PER Ætium in certamine Francis....
De Africa PER Placidiam evocatus.
Rec. des Hist. de Fr., t. I, p. 597 et 617.

Je me borne à constater un fait grammatical qui me semble de haute importance.

DREIT, du lat. DIRECTum.

TROUB. *Dreit.* CAT. *Dret.* ESP. *Derecho.* PORT. *Direito.* IT. *Dritto.* FR. *Droit.*

SON, SON, de *suum.*

TROUB. CAT. *Son.* ANC. ESP. *So.*

Mandato de so señor todo lo han a far.
Poema del Cid, v. 434.

L'italien a aussi employé so.

O, d'*hoc*, latin ; *cela, le.*

La langue des troubadours a conservé cet o.

On le retrouve dans l'ancien portugais :

Que assi o provaria.
Doc. de 1315. *Elucidario*, t. I, p. 451.

IL, LO, L', LI, substantifs relatifs.

IL, d'ILle, est resté dans le français comme sujet, et a été employé parfois en italien comme régime.

LO, L', s'est retrouvé dans toutes les langues néolatines.

TROUB. CAT. ESP. PORT. IT. ANC. FR. *Lo.*

D'une part, ce conseil *lo* trait....
Que c'il tainent *lo* chapelain,
Il *lo* metront en mal pelain.
Nouv. rec. des fabl. et cont. anc., t. I, p. 116 et 117.

LI, du latin *il*LI.

TROUB. *Li.* ANC. ESP. *Lli.* IT. FR. *Li.*

ALTRESI. Voyez page 8.

AB. Voyez page 9.

LUDHER, régime venant du latin LOTHAR*ius.*

NUL, NULLA, du latin NUL*lus.*

TROUB. CAT. *Nul.* IT. *Nullo.* FR. *Nul.*

En cette acception, NUL manque à l'espagnol et au portugais.

PLAID. Voyez pages 5 et 6.

PRINDRAI. Voyez page 11.

QUI, QUE, CUI, du latin QUI, QUE*m*, CUI.

Qui, cui ont été conservés du latin.

TROUB. *Qui, cui, que.* ANC. CAT. *Que.* ESP. *Qui, que.*
PORT. *Que.* IT. *Che, cui, que.* FR. *Cui, qui, que.*

J'ai prouvé que la romane rustique et toutes les autres langues néolatines ont admis le substantif indéterminé, HOM, OM, ON, d'HOMO, latin, pour exprimer une généralité de personnes.

Cette forme grammaticale a existé aussi très anciennement dans les langues germaniques et dans celles du Nord.

VOL, de l'indicatif du verbe VOLO.

Ce substantif, conservé par les troubadours, a été aussi adopté par l'ancien français.

TROUB. Don ieu dic que escurols
Non es plus lieus que sos VOLS.
R. DE TORS DE MARSEILLE : Ar es drets.

D'où je dis qu'écureuil n'est pas plus léger que sa *volonté*.

ANC. FR. Incontinent à son *vueil* obéirent.
SALEL, *trad. de l'Iliade*, p. 127.

LODUUIGS, LODUWIG. Voyez page 13.

SAGRAMENT, de SACRAMENT*um*, conservé par les troubadours, le catalan et le français, avec la finale *ment*; et par les autres langues, en ajoutant à *ment* l'o euphonique.

PART, de l'accusatif latin PART*em*.

TROUB. CAT. *Part*. ESP. PORT. IT. *Parte*. FR. *Part*.

NON, NON, négation adoptée par toutes les langues néolatines.

TROUB. *Non*, *no*. CAT. *No*. ESP. *Non*, *no*. PORT. *Não*. IT. *Non*, *no*. FR. *Non*.

JO, IO. *Jo* a été français et italien, *yo* espagnol. L'*o*, changé en EU, a produit chez les troubadours *ieu*, *eu*, et chez les Portugais *eu*; et depuis, changé en E, *je* dans la langue française.

RETURNAR. Voyez pages 9 et 10.

NE, NE, de NEC, *ni*, latins, a été adopté par l'ancien provençal, par le français et par l'italien.

L'ancien espagnol l'avait employé :

En sacos *ne* en guilmas non podian caber.
Poema de Alexandro, cop. 1400.

CONTRA, du latin CONTRA.

Adopté par toutes les langues de l'Europe latine, le français ayant seul changé l'*a* en *e*.

Le mot MAN, *homme*, a eu dans ces idiômes l'acception générale, et de plus l'acception particulière de substantif indéterminé.

Cette double acception se trouve dans l'anglo-saxon, dans le gothique d'Ulphilas.

Wachter, *Gloss. germ.*, pense que cette forme a été fournie aux langues du Nord par la langue gothique. On trouve dans la traduction des Évangiles, par Otfrid :

Za nuzze grebit MAN ouh tar.
Ad utilitatem fodit HOMO *quoque ibi.*
OTFRID, *Evang.*, lib. I, cap. 1, v. 137.

Voyez IHRE, *Gloss. suio-gothic.*

En danois, en suédois, en hollandais, en allemand, MAN, substantif masculin, a conservé l'acception générale d'homme et l'acception particulière donnée à ON, roman.

Je crois avoir prouvé que quatre-vingt-cinq mots des serments appartiennent à la romane rustique primitive.

Quant aux mots restants, 1°. il s'en trouve cinq purement latins.[1]

2°. Cinq autres n'entrent dans aucune des classifications que j'ai indiquées ; ils ne sont ni romans, ni latins.[2]

3°. Dix-neuf mots peuvent, avec la plus légère modification, être comptés parmi ceux de la langue romane.[3]

[1] Pro, pro, quid, damno, sit.

[2] Dist, *doit;* fazet, *fera;* stanit, *tient;* sendra, *seigneur;* iver, *j'irai.*

[3] DONA*t*, changé en *dona* par le changement de l'*u* en *o* et par la suppression du T final.

CONSERVA*t*,	*conserva.*
JURA*t*,	*jura.*

On ne saurait trop regretter qu'un document beaucoup plus considérable que les serments de 842 ne nous

Cette suppression en fait des troisièmes personnes du singulier au présent de l'indicatif roman.

TROUB. CAT. ESP. PORT. IT. *Dona*, *conserva*, *jura*.

Le français a changé l'A final roman en E muet : *donne*, *conserve*, *jure*.

NUNQUA*m* : il suffit de retrancher l'*m*.

Mica NONQUA là te.
Poëme sur Boèce, v. 14.

Mie jamais la tient.

TROUB. *Nonca*. CAT. ANC. ESP. PORT. *Nunca*. ANC. FR. *Nonques*.

KARLUS, roman *Carles*.

SAVIR, PODIR ; par une légère transmutation, SABER, PODER.

TROUB. CAT. ESP. PORT. *Sabor*, *poder*.
IT. *Sabere*, *potere*. ANC. FR. *Saver*, *poer*.

MEON, MEON, MEON.

TROUB. FR. *Mon*.

MEOS.

TROUB. *Meus*.

FRADRA. Voyez page 17, *fradre*.

SUO.

TROUB. *Sua*.

INT, d'INDE, latin.

TROUB. *Ent*.

Ella 's ta bella reluz ENT lo palaz.
Poëme sur Boèce, v. 162.

Elle est si belle que le palais *en* reluit.

ANC. ESP. El non quiso *ende* parte nin óvo della cura.
Poema de Alexandro, cop. 1294.

Estaban maravilladas *ende* todas las gentes.
V. de Santa Oria, cop. 7.

Po*is*, PO*is*, du latin POS*sum*.

NEULS, du latin NUL*lus*.

On a vu précédemment *nul*, *nulla*.

NUN, de NON, latin.

Le véritable mot roman *non* se trouve dans le serment du peuple français.

ait été transmis que dans une traduction latine, qui du moins constate son existence en romane rustique; je veux parler des allocutions que firent, en cette langue, Charles-le-Chauve et Louis de Germanie son frère, lors du traité de paix qu'ils conclurent en 860 à Coblentz, où ils avaient réuni des princes de leur famille, des évêques, des grands et leurs fidèles.

On jugera aisément que les expressions de ce précieux document auraient confirmé ce que je dis sur l'existence et l'état de la langue romane au IXe siècle, et auraient fourni à mes assertions de nouvelles preuves et de nombreux développements.

Le roi Louis parla d'abord en langue théotisque [1]; Charles répéta la même allocution en LANGUE ROMANE. [2]

Louis de Germanie dit ensuite à son frère en LANGUE ROMANE : « Maintenant, si vous le voulez bien, je désire « avoir votre parole au sujet de ces hommes qui me firent « hommage de fidélité. » [3]

Et le seigneur Charles dit à haute voix en LANGUE ROMANE :

« Quant à ces hommes qui se conduisirent envers « moi comme vous le savez, et vinrent auprès de mon « frère, tous les méfaits dont ils se rendirent coupables « envers moi je les pardonne à cause de Dieu et pour « son amour, et afin d'obtenir sa grâce : je leur accorde « les alleux qu'ils ont eus par héritage ou par acquêt et

[1] Cette allocution fut longue; elle est traduite dans les capitulaires.
BALUZ., *Capit. Reg. Fr.*, t. II, col. 141, 142, 143, 144.

[2] Hæc eadem domnus Karolus ROMANA LINGUA adnuntiavit.
BALUZ., *Capit. Reg. Fr.*, t. II, col. 144.

[3] Post hæc domnus Hludouvicus ad domnum Karolum fratrem suum LINGUA ROMANA dixit : « Nunc, si vobis placet, vestrum verbum habere volo de illis hominibus qui ad meam fidem venerunt. »
BALUZ., *Capit. Reg. Fr.*, t. II, col. 144.

« par donation de notre Seigneur, exceptant ce que « j'avais donné moi-même, s'ils me fournissent l'assu- « rance qu'ils seront en paix dans mon royaume, et « qu'ils y vivront comme des chrétiens doivent vivre « dans un royaume chrétien, et cela si mon frère ac- « corde également à mes fidèles qui ne commirent au- « cun méfait envers lui, et qui m'aidèrent, quand il en « fut besoin, les alleux qu'ils possèdent dans son royaume.

« Quant à ces alleux, et même quant aux fiefs que « les autres obtinrent de moi, j'agirai envers ceux qui « reviendront à moi, sans prendre d'engagement à cet « égard, d'après ma volonté, comme je le déterminerai « mieux avec mon frère. » [1]

Enfin Charles parla encore en LANGUE ROMANE, exhorta à la paix, et exprima le voeu, qu'avec la grâce de Dieu, tous les assistants retournassent chez eux sains et saufs; il mit ainsi fin aux allocutions. [2]

[1] Et domnus Karolus, excelsiori voce, LINGUA ROMANA dixit :

« Illis hominibus qui contra me sic fecerunt sicut scitis, et ad « meum fratrem venerunt, propter Deum et illius amorem et pro « illius gratia, totum perdono quod contra me misfecerunt, et illo- « rum alodes de hereditate et de conquisitu, et quod de donatione « nostri Senioris habuerunt, excepto illo quod de mea donatione « venit, illis concedo, si mihi firmitatem fecerint quod in regno meo « pacifici sint, et sic ibi vivant sicut christiani in christiano regno vi- « vere debent. In hoc si frater meus meis fidelibus, qui contra illum « nihil misfecerunt, et me, quando mihi opus fuit, adjuvaverunt, « similiter illorum alodes, quos in regno illius habent, concesserit. « Sed et de illis alodibus quos de mea donatione habuerunt, et etiam « de honoribus, sicut cum illo melius considerabo, illis qui ad me se « retornabunt, voluntarie faciam. »

BALUZ., *Capit. Reg. Fr.*, t. II, col. 144.

[2] Et tunc domnus Karolus iterum LINGUA ROMANA de pace commonuit, et ut, cum Dei gratia, sani et salvi irent, et ut eos sanos reviderent, oravit, et adnuntiationibus finem imposuit.

BALUZ., *Cap. Reg. Fr.*, t. II, col. 144.

La traduction de ces diverses allocutions romanes a fourni plus de six cent cinquante mots latins, et il faut observer que tous les discours romans n'ont pas été traduits.

Voilà donc sept à huit cents mots romans dont l'existence au IXe siècle est constatée, et qui auraient sans doute fourni le moyen de compléter la démonstration qu'à cette époque cette langue avait déjà reçu la plupart des développements et des genres de perfection qu'on a remarqués dans les langues néolatines.

Mais si ces preuves utiles, quoique surabondantes, manquent, il me sera permis de recueillir et de rapprocher celles que fournissent divers fragments de cette langue romane rustique à l'époque de 960. [1]

Dans le peu de mots qu'ils ont conservés, ces fragments offrent une correspondance intime avec le style des serments de 842, et il n'est pas possible de méconnaître l'identité des formes grammaticales et lexicographiques. [2]

Ajouterai-je qu'il a existé, conformément aux con-

[1]

	SERMENTS DE 842.	ACTES DE 960.
Substantif.	SAGRAMENT.	*Sacrament*, p. 50.
Subst. et adj.	LI.	*Li* tolra, *li* devedara, p. 40, 42.
Relatifs.	LO, L'.	*Lo* tornara, p. 40.
	O.	Non *o* farai, si *o* tenra, p. 46, 42.
	QUE.	*Que* combatre, p. 41.
		Que no las, per so *que*, p. 42, 43.
Adj. indét.	NUL.	*Nul*, p. 45.
Verbes.	SALVAR, RETURNAR.	*Trobar*, p. 46.
	SALVARAI, PRINDRAI.	*Tolrai*, *vedarai*, *prendrai*, p. 41.
Négation.	NE, NON.	*Ne* las, *ne no*, p. 45.
Préposition.	AB.	*Ab* ti, *ab* te, *ab* els, p. 44, 43, 46.
	PER.	*Per* bataillia, p. 41.

[2] *Choix des Poésies originales des Troubadours*, t. II, p. 49 et s.

ciles de 813, des homélies, des discours, qu'adressaient au peuple les ministres de la religion, expressément chargés de prêcher en ROMANE RUSTIQUE ?[1]

Mais à défaut de ces documents qui expliqueraient et démontreraient toujours plus évidemment les principes ingénieux, les règles simples et habiles qui présidèrent à la formation et au développement de la romane rustique, on peut établir et indiquer avec succès la comparaison et les rapports des diverses langues néolatines ; oui, l'homogénéité de leurs imitations de la langue latine, l'unité méthodique des modifications qu'elles ont ou faites ou acceptées comme de concert, fourniraient à elles seules la preuve incontestable de leur unité, et de l'existence d'un type primitif intermédiaire, d'après lequel chaque langue paraît avoir développé, ou plus tôt ou plus tard, les moyens communs à toutes, en marquant son individualité par des formes spéciales, des particularités caractéristiques.

Pour établir la vérité et l'identité de ces rapports, je présenterai divers tableaux où j'aurai soin de ranger, de grouper un choix des mots principaux des six langues néolatines, lesquels ont entre eux des relations plus directes, plus intimes, et ces tableaux permettront de reconnaître jusques à quel point l'action du principe créateur de la langue romane rustique a conservé sa féconde unité dans ces six langues.

Ce travail sera divisé en plusieurs paragraphes sous lesquels je placerai les diverses classifications.

[1] Homelias quisque aperte transferre audeat in RUSTICAM ROMANAM LINGUAM.

LABBE, *Concil. de* 813, t. VII, col. 1263.

§. Ier.

Séjour, habitation, logement et dépendances, bâtisse, etc.

§. II.

Nourriture, aliments, boissons, ustensiles relatifs, etc.

§. III.

Habillements, étoffes, parure, ornements, chaussure, etc.

§. IV.

Sens, exercice des sens; objets, qualités qui les frappent plus particulièrement, etc.

§. V.

Saisons, accidents de l'air, feu, couleurs, temps, durée, etc.

§. VI.

Espace, dimension, poids, mesures, proportions, localité, etc.

§. VII.

Agriculture, jardinage, troupeaux, campagne, animaux domestiques et sauvages, oiseaux, etc.

§. VIII.

Métaux, arts et métiers, travaux et instruments concernant les arts et les métiers, artistes et ouvriers qui les exerçaient, etc.

§. IX.

L'homme : son corps, ses qualités, actions *physiques*, *repos*, mouvement; ses manières, ses procédés, usages domestiques, etc.

§. X.

Relations de famille et de société, amour, amitié, impressions morales, bonnes qualités, nobles sentiments, etc.

§. XI.

Mauvaises qualités, mauvais sentiments, mauvaises actions, etc.

§. XII.

Commerce, trafic, achat, vente, échanges, marchandises, produits industriels, marine, navigation, etc.

§. XIII.

Parole, langage, entendement, littérature, etc.

§. XIV.

Jeux, amusements, musique, chasse, etc.

§. XV.

Médecine, maladies, traitement, poisons, etc.

§. XVI.

Gouvernement, autorité, exercice du pouvoir, cours, impositions, monnaies, etc.

§. XVII.

Seigneurs, vassaux, féodalité, titres, dignités, etc.

§. XVIII.

Législation civile et criminelle, procédures, crimes, délits, fraudes, etc.

§. XIX.

Armes, guerre, combats, batailles, tournois, etc.

§. XX.

Religion, croyances, superstitions, etc.

§. Ier.

SÉJOUR, HABITATION, LOGEMENT

Troub.	*Cat.*	*Esp.*
Demora.	Demora.	Demora.
Alberc.	Alberg.	Albergo.
Albergador.	Albergador.	Albergador.
Albergar.	Albergar.	Albergar.
Lotja.	Llotja.	Lonja.
Cabana.	Cabanya.	Cabaña.
Cazal.	Casal.	Casal.
Tenda.	Tenda.	Tienda.
Sala.	Sala.	Sala.
Muralha.	Muralla.	Muralla.
Murar.	Murar.	Murar.
Pilar.	Pilar.	Pilar.
Balcon.	Balcó.	Balcon.
Barra.	Barra.	Barra.
Intrada.	Entrada.	Entrada.
Fogal.	Fogar.	Hogar.
Fornel.	Fornell.	Hornillo.

On remarquera que la plupart de ces mots, tels que n'ont pas été fournis par des racines tirées de la langue ou adoptés ou conservés dans toutes les langues néola-

§. II.

NOURRITURE, ALIMENTS, BOISSONS,

Troub.	*Cat.*	*Esp.*
Vitoalha.	Vitualla.	Vitualla.
Biscueit.	Bescuyt.	Bizcocho.
Pebrada.	Pebrada.	Pebrada.
Canela.	Caneyla.	Canela.
Clara, glara.	Clara.	Clara.
Safran.	Safrá.	Azafran.
Claret.	Claret.	Clarete.

§. Ier.

ET DÉPENDANCES, BATISSE, ETC.

Port.	*It.*	*Fr.*
Demora.	Dimora.	Demeure.
Albergue.	Albergo.	Alberc.
Albergador.	Albergatore.	Aubergiste.
Albergar.	Albergare.	Alberger.
Loja.	Loggia.	Loge.
Cabana.	Capanna.	Cabane.
Casal.	Casale.	Casal.
Tenda.	Tenda.	Tente.
Sala.	Sala.	Sale.
Muralha.	Muraglia.	Muraille.
Murar.	Murare.	Murer.
Pilar.	Pilastro.	Pilier.
Balcão.	Balcone.	Balcon.
Barra.	Barra.	Barre.
Entrada.	Entrata.	Entrée.
Fogão.	Focolare.	Foyer.
Fornillo.	Fornello.	Fourneau.

alberc, albergador, albergar, sala, balcon, barra, etc., latine, et, qu'empruntés à d'autres langues, ils ont été tines avec une désinence uniforme.

§. II.

USTENSILES RELATIFS, ETC.

Port.	*It.*	*Fr.*
Vitualha.	Vittuaglia.	Victuaille.
Biscouto.	Biscotto.	Biscuit.
Pevirada.	Pevereda.	Poivrade.
Canela.	Cannela.	Cannelle.
Clara.	Chiara.	Glaire (d'œuf).
Açafrão.	Zafferano.	Safran.
Clarete.	Claretto.	Clairet.

Troub.	*Cat.*	*Esp.*
Vinagre.	Vinagre.	Vinagre.
Tonel.	Tonell.	Tonel.
Botelha.	Botella.	Botella.
Caponar.	Caponar.	Caponar.
Lardar.	Enllardar.	Lardar.
Frichura, frigidura.	Fregidura.	Fritura.
Copa.	Copa.	Copa.
Culher.	Culler.	Cuchara.
Barril.	Barril.	Barril.
Bacin.	Baci.	Bacin.
Banc.	Banc.	Banco.
Banca.	Banca.	Banca.
Bota.	Bota.	Bota.
Caudiera.	Caldera.	Caldera.

Le mot *bacin* aura rappelé à l'esprit des lecteurs, le « Brunichildis quoque regina jussit fabricari ex auro ac « duabus pateris ligneis, quas vulgo BAOCHINON vocant, « Hispanian misit. »

On reconnaît aisément que la plupart des mots classés

§. III.

HABILLEMENTS, ÉTOFFES, PARURE,

Troub.	*Cat.*	*Esp.*
Capel.	Capel.	Capillo.
Barreta, berreta.	Barret.	Barreta.
Cofa.	Cofia.	Cofia.
Benda.	Benda.	Venda.
Bendar.	Bendar.	Vendar.
Cordo.	Cordó.	Cordon.
Guan.	Guant.	Guante.
Bureus.	Burell.	Buriel.
Falda, fauda.	Falda.	Falda.
Rauba.	Roba.	Ropa.
Aurpel.	Oripell.	Oropel.
Seda.	Seda.	Seda.

Port.	*It.*	*Fr.*
Vinagre.	Vinagro.	Vinaigre.
Tonel.	Tinello.	Tonel.
Botelha.	Bottiglia.	Bouteille.
Capar.	Capponare.	Chaponner.
Lardear.	Lardare.	Larder.
Fritura.	Frittura.	Friture.
Copa.	Coppa.	Coupe.
Colher.	Cucchiajo.	Cuiller.
Barril.	Barile.	Baril.
Bacio.	Bacino.	Bassin.
Banco.	Banco.	Banc.
Banca.	Banca.	Banque.
Bota.	Botte.	Boute.
Caldeira.	Caldaja.	Chaudière.

passage de Grégoire de Tours, *Hist.*, *lib. IX*, c. 28.
gemmis miræ magnitudinis clypeum ipsumque cum
eisdemque similiter ex gemmis fabricatis et auro in

ci-dessus ne sont pas dérivés du latin.

§. III.

ORNEMENTS, CHAUSSURE, ETC.

Port.	*It.*	*Fr.*
Chapeo.	Capello.	Chapel.
Barrete.	Berretta.	Barette.
Coifa.	Cuffia.	Coife.
Venda.	Benda.	Bande.
Vendar.	Bendare.	Bander.
Cordão.	Cordone.	Cordon.
Guante.	Guanto.	Gant.
Burel.	Burello.	Bureau.
Falda.	Falda.	Faude.
Roupa.	Roba.	Robe.
Ouropel.	Orpello.	Oripel.
Seda.	Seta.	Soie.

Troub.	*Cat.*	*Esp.*
Perla.	Perla.	Perla.
Diaman.	Diamant.	Diamante.
Cuberta.	Cuberta.	Cubierta.
Cubertura.	Cubertora.	Cubertura.
Pelissa.	Pelissa.	Pellica.
Hermin.	Arminyo.	Armino.
Coton.	Cotó.	Coton.
Borra.	Borra.	Borra.
Cendal, cendat.	Cendal, cendat.	Cendal.
Listar.	Llistar.	Listar.
Lista.	Llista.	Lista.
Paramen.	Parament.	Paramento.
Centura.	Cintura.	Cintura.
Coysin.	Coxi.	Coxin.
Saquet.	Saquet.	Saquete.
Guarra.	Gerra.	Jarra.
Caussat.	Calsat.	Calzado.
Sabata.	Sabata.	Zapato.
Descaus.	Descals.	Descalzo.
Descaussar.	Descalsar.	Descalzar.
Cordoan.	Cordoá.	Cordoban.

Serait-on surpris de ce que les langues des peuples qui termes concernant les habillements, les étoffes qui n'ont Le langage qui exprime les besoins journaliers, les facilement chez les populations subjuguées. Aussi est-il *benda*, *guan*, *falda*, *rauba*, *coysin*, *guarra*, etc., autres ont été apportés par les étrangers qui, lors des habitants.

§. IV.

SENS, EXERCICE, DES SENS; OBJETS, QUALITÉS

Troub.	*Cat.*	*Esp.*
Saborar.	Saborar.	Saborear.
Assaborar.	Assaborar.	Asaborar.
Acetos.	Acetos.	Acetoso.

Port.	*It.*	*Fr.*
Perla.	Perla.	Perle.
Diamante.	Diamante.	Diamant.
Cuberta.	Coperta.	Couverte.
Cubertura.	Copritura.	Couverture.
Pelissa.	Pellicia.	Pelisse.
Arminho.	Ermellino.	Hermine.
Cotão.	Cotone.	Coton.
Borra.	Borra.	Bourre.
Cendal.	Zendado.	Cendal.
Listar.	Listare.	Lister.
Lista.	Lista.	Liste.
Paramento.	Paramento.	Parement.
Cintura.	Cintura.	Ceinture.
Coxim.	Cuscino.	Coussin.
Saquete.	Sacchetto.	Sachet.
Jarra.	Giara.	Jarre.
Calçado.	Calcajo.	Chaussé.
Sabatto.	Ciabatta.	Savatte.
Descalço.	Discalzo.	Déchaus.
Descalçar.	Discalzare.	Déchausser.
Cordovão.	Cordovano.	Cordouan.

habitèrent le midi de l'Europe, offrent plusieurs des
pas été dérivés du latin?
soins du ménage, les usages domestiques, ne change pas
permis de présumer que parmi les mots *barreta*, *cofa*,
quelques uns sont restés de la langue du pays, et que les
diverses invasions, se mêlèrent et s'unirent aux anciens

§. IV.

QUI LES FRAPPENT PLUS PARTICULIÈREMENT, ETC.

Port.	*It.*	*Fr.*
Saborear.	Saporare	Savourer.
Assaborear.	Assaporare.	Assavorer.
Acetoso.	Acetoso.	Acéteux.

Troub.	*Cat.*	*Esp.*
Amargor, amaror.	Amargor.	Amargor.
Aspreza.	Aspresa.	Aspereza.
Tocar.	Tocar.	Tocar.
Embasmar.	Embalsamar.	Embalsamar.
Bruit.	Brugit.	Ruido.
Vista.	Vista.	Vista.
Visual.	Visual.	Visual.

Ce petit groupe de mots offre, entre autres, deux
pere, de la quatrième conjugaison, les six langues néola-
AR, *saborar* et *assaborar;* de plus, elles ont formé par
admettre que de pareils rapports entre six langues, ne

§. V.

SAISONS, ACCIDENTS DE L'AIR, FEU,

Troub.	*Cat.*	*Esp.*
Primavera.	Primavera.	Primavera.
Nevar.	Nevar.	Nevar.
Bufar.	Bufar.	Bufar.
Ventar.	Ventar.	Ventar.
Eclipsar.	Eclipsar.	Eclipsar.
Brasa.	Brasa.	Brasa.
Brasier.	Braser.	Brasero.
Abrasar.	Abrasar.	Abrasar.
Alumar, alumnar.	Alumar.	Alumbrar.
Brillar.	Brillar.	Brillar.
Atisar.	Atiar.	Atisar.
Colorir.	Colorir.	Colorir.
Azur.	Azul.	Azul.
Blanc.	Blanc.	Blanco.
Blanqueiar.	Blanquejar.	Blanquear.
Vermelh.	Vermegh.	Bermejo.
Verdeiar.	Verdejar.	Verdear.
Vernis.	Barnis.	Barniz.
Cycle.	Ciclo.	Ciclo.

Port.	*It.*	*Fr.*
Amargor.	Amarore.	Amareur.
Aspereza.	Asprezza.	Aspresse.
Tocar.	Toccare.	Toquer.
Embalsamar.	Imbalsamare.	Embaumer.
Ruido.	Bruito.	Bruit.
Vista.	Vista.	Viste.
Visual.	Visuale.	Visuel.

circonstances à remarquer; c'est que, du verbe latin *sa-*
tines ont fait ou adopté les verbes de la conjugaison en
dérivation l'adjectif *acetos*. Il serait difficile de faire
soient que des coïncidences fortuites.

§. V.

COULEURS, TEMPS, DURÉE, ETC.

Port.	*It.*	*Fr.*
Primavera.	Primavera.	Primevère.
Nevar.	Nevare.	Neiger.
Bufar.	Buffare.	Bouffer.
Ventar.	Ventare.	Venter.
Eclipsar.	Ecclissare.	Éclipser.
Braza.	Bracia.	Braise.
Brazeiro.	Braciere.	Brasier.
Abrasar.	Abbruciare.	Embraser.
Allumiar.	Alluminare.	Allumer.
Brilhar.	Brillare.	Briller.
Atisar.	Attizzare.	Attiser.
Colorir.	Colorire.	Colorier.
Azul.	Azzurro.	Azur.
Branco.	Bianco.	Blanc.
Branquejar.	Biancheggiare.	Blanchoyer.
Vermelho.	Vermiglio.	Vermeil.
Verdejar.	Verdeggiare.	Verdoyer.
Verniz.	Vernice.	Vernis.
Ciclo.	Ciclo.	Cicle.

Troub.	*Cat.*	*Esp.*
Jornada.	Jornada.	Jornada.
Jornal.	Jornal.	Jornal.
Durada.	Durada.	Durada.
Ancian.	Anciá.	Anciano.
Data.	Data.	Data.

Comment était-il arrivé que la langue latine n'eût pas
Il a fallu que les langues néolatines créassent les mots
Aux verbes latins peu usités, *ningere*, *nivere* et *virere*,
Parmi les autres remarques que les mots placés sous ce
brasa, *brasier*, *abrasar*, dérivés du grec, ont été adoptés

§. VI.

ESPACE, DIMENSION, POIDS,

Troub.	*Cat.*	*Esp.*
Bas.	Bas, bax.	Baxo.
Baisseza.	Baxesa.	Baxeza.
Baissar.	Baxar.	Baxar.
Abaissamen.	Abaxament.	Abaxiamento.
Abaissar.	Abaxar.	Abaxar.
Baza.	Basa.	Basa, base.
Atretal.	Altretal.	Otrotal.
Augmentatiu.	Aumentatiu.	Aumentativo.
Diminuir.	Diminuir.	Diminuir.
Grandeza.	Grandesa.	Grandeza.
Alteza.	Altesa.	Alteza.
Abissar.	Abisar.	Abismar.
Gros.	Gros.	Grueso.
Grossier.	Groser.	Grosero.
Balansar.	Balanceyar.	Balanzar.
Repletio.	Repleció.	Replecion.
Cumplimen.	Cumpliment.	Cumplimento.
Integral.	Integral.	Integral.
Excessiu.	Excessiu.	Excesivo.
Compas.	Compas.	Compas.

Port.	*It.*	*Fr.*
Jornada.	Giornada.	Journée.
Jornal.	Giornale.	Journal.
Durada.	Durata.	Durée.
Ancião.	Anziano.	Ancien.
Data.	Data.	Date.

de verbes pour exprimer l'action de *venter*, d'*éclipser*?
ventar, *eclipsar*.
elles ont substitué *nevar*, *verdeiar*.
paragraphe fourniraient, je ne dois pas oublier celle que
dans toutes les langues néolatines.

§. VI.

MESURE, PROPORTION, LOCALITÉS, ETC.

Port.	*It.*	*Fr.*
Baixo.	Basso.	Bas.
Baixeza.	Bassezza.	Bassesse.
Baxar.	Bassare.	Baisser.
Abeixamento.	Abassamento.	Abaissement.
Abaixar.	Abassare.	Abaisser.
Base.	Basa, base.	Base.
Outrotal.	Altretale.	Autel.
Augmentativo.	Aumentativo.	Augmentatif.
Diminuir.	Diminuire.	Diminuer.
Grandeza.	Grandezza.	Grandesse.
Alteza.	Altezza.	Hautesse.
Abismar.	Abissare.	Abismer.
Grosso.	Grosso.	Gros.
Grogeiro.	Grossiere.	Grossier.
Balancear.	Bilanciare.	Balancer.
Repleção.	Ripiezione.	Réplétion.
Cumprimento.	Compimento.	Complément.
Integral.	Integrale.	Intégral.
Excessivo.	Eccessivo.	Excessif.
Compasco.	Compasco.	Compas.

Troub.	*Cat.*	*Esp.*
Rectificar.	Rectificar.	Rectificar.
Rectificatio.	Rectificació.	Rectificacion.
Unitiu.	Unitiu.	Unitivo.
Accessori.	Accessori.	Accesorio.
Corroboracio.	Corroboració.	Corroboracion.
Crebadura.	Crebadura.	Quebradura.
Pessa.	Pessa.	Pieza.
Departir.	Departir.	Departir.
Departimen.	Departimen.	Departimiento.
Marcar.	Marcar.	Marcar.
Demarchar.	Demarcar.	Demarcar.
Trassa.	Trassa.	Traza.
Alignar.	Alinyar.	Alinar.
Limitar.	Limitar.	Limitar.
Confinar.	Confinar.	Confinar.
Finimen.	Finiment.	Fenecimiento.
Trespassar.	Traspassar.	Traspasar.
Mancar.	Mancar.	Mancar.
Prolongamen.	Prolongamen.	Prolongamiento.
Fardel.	Fardel.	Fardel.
Cargar.	Cargar.	Cargar.
Encargar.	Encarregar.	Encargar.
Descargar, desencargar.	Descarregar.	Descargar.
Carga.	Carrega.	Carga.
Carregar.	Carrejar.	Carrear.
Carriato.	Carretó	Carreton.
Carreta.	Carreta.	Carreta.
Carriera.	Carrera.	Carrera.
Ribeira.	Ribera.	Ribera.
Aribar.	Aribar.	Aribar.
Canton.	Canton, cantó.	Canto.
Montanha.	Montanya.	Montaña.
Derocar.	Derocar.	Derocar.
Acostar.	Acostar.	Acostar.
Costat.	Costat.	Costado.

On remarquera dans cette liste de mots, les cinq. *bas* et ses dérivés n'existassent pas en latin; soit qu

Port.	*It.*	*Fr.*
Rectificar.	Rettificare.	Rectifier.
Rectificação.	Rettificazione.	Rectification.
Unitivo.	Unitivo.	Unitif.
Accessorio.	Accessorio.	Accessoire.
Corroboração.	Corroborazione.	Corroboration.
Quebradura.	Crepatura.	Crevure.
Peça.	Pezza.	Pièce.
Departir.	Spartire.	Départir.
Departimento.	Departimento.	Département.
Marcar.	Marcare.	Marquer.
Demarcar.	Dimarquare.	Démarquer.
Traça.	Traccia.	Trace.
Alinhar.	Allineare.	Aligner.
Limitar.	Limitare.	Limiter.
Confinar.	Confinare.	Confiner.
Fenecimento.	Finimento.	Finiment.
Traspassar.	Trapassare.	Trespasser.
Mancar.	Mancare.	Manquer.
Prolongamento.	Prolungamento.	Prolongement.
Fardel.	Fardello.	Fardeau.
Carregar.	Caricare.	Charger.
Encarregar.	Incaricare.	Encharger.
Desencargar.	Scaricare.	Décharger.
Carga.	Carica.	Charge.
Acarretar.	Carreggiare.	Charrier.
Carretó.	Carretone.	Charreton.
Carreta.	Carretta.	Charrette.
Careira.	Carriera.	Carrière.
Ribeira.	Riviera.	Rivière.
Aribar.	Arrivare.	Arriver.
Canto.	Cantone.	Canton.
Montanha.	Montagna.	Montagne.
Derocar.	Dirrocciare.	Dérocher.
Accostar.	Accostare.	Accoster.
Costado.	Costato.	Côté.

miers; introduits dans les langues néolatines, bie
roman ait été emprunté à *basis*, latin, ou à *bassus*

inusité, qu'on donne comme traduit du grec; quoiqu'il veut, l'imitation, par laquelle la famille des mots in-langues néolatines.

§. VII.

AGRICULTURE, JARDINAGE, TROUPEAUX, CAMPAGNE,

Troub.	*Cat.*	*Esp.*
Laborador.	Laurador.	Labrador.
Cultivador.	Culturador.	Cultivador.
Cultivar.	Cultivar.	Cultivar.
Vaquier.	Vaquer.	Vaquero.
Bovier, boyer.	Bover.	Boyero.
Pasturgar.	Pasturar.	Pastorear.
Toiso.	Tusó.	Tuson.
Segador.	Segador.	Segador.
Jardin.	Jardí.	Jardin.
Violeta.	Violeta.	Violeta.
Guirlanda.	Guirlanda.	Guinalda.
Pera.	Pera.	Pera.
Pastora.	Pastora.	Pastora.
Productiu.	Productiu.	Productivo.
Salvatge.	Salvatge.	Salvage.
Figuiera, figuier.	Figuera.	Figuiera.
Pradaria.	Praderia.	Praderia.
Trabal.	Trabal.	Trabajo.
Traballos.	Traballos.	Trabajoso.
Traballier.	Trabelhador.	Trabajador.
Traballar.	Traballar.	Trabajar.
Rigar.	Regar.	Regar.
Trillar.	Trillar.	Trillar.
Atrapar.	Atrapar.	Atrampar.
Roci.	Rocí.	Rocin.
Palafre.	Palafré.	Palafren.
Brida.	Brida.	Brida.
Corpa.	Gropa.	Grupa.
Manjadoira.	Menjadora.	Manjadoura.
Girfalc.	Girfalc.	Gerifalco.
Cornelha.	Cornella.	Corneja.

en soit, il sera juste de distinguer la création, ou si l'on diqués a passé, avec tous ses développements, dans les

§. VII.

ANIMAUX DOMESTIQUES ET SAUVAGES, OISEAUX, ETC.

Port.	*It.*	*Fr.*
Lavrador.	Lavoratore.	Laboureur.
Cultivador.	Coltivatore.	Cultivateur.
Cultivar.	Coltivare.	Cultiver.
Vaqueiro.	Vaccarro.	Vacher.
Boeiro.	Boaro.	Bouvier.
Pastorar, pastorear.	Pasturare.	Pasturer.
Tosão.	Tosone.	Toison.
Segador.	Segatore.	Scieur.
Jardim.	Giardino.	Jardin.
Violeta.	Violetta.	Violette.
Grinalda.	Ghirlanda.	Guirlande.
Pera.	Pera.	Poire.
Pastora.	Pastora.	Pastore.
Productivo.	Produttivo.	Productif.
Salvagem.	Salvaggio.	Sauvage.
Figueira.	Ficaja.	Figuier.
Praderia.	Prateria.	Praerie.
Trabalho.	Travaglio.	Travail.
Trabalhoso.	Travaglioso.	Travailleur.
Trabalhador.	Travagliatore.	Travailleur.
Trabalhar.	Travagliare.	Travailler.
Regar.	Rigare.	Riguer.
Trilhar.	Trillare.	Tribler.
Atracar.	Attrappare.	Attraper.
Rocim.	Ronzino.	Roncin.
Palafrem.	Palafreno.	Palefroi.
Brida.	Briglia.	Bride.
Garupa.	Groppa.	Croupe.
Manjadoura.	Mangiatoja.	Mangeoire.
Gerifalte.	Girfalco.	Gerfaut.
Cornelha.	Cornacchia.	Corneille.

Troub.	*Cat.*	*Esp.*
Calandra.	Calandra.	Calandria.
Papagay.	Papagall.	Papagayo.
Bec.	Bec.	Pico.
Cabrit.	Cabrit.	Cabrito.
Boc.	Boc.	Bode.
Serena.	Sirena.	Sirena.
Tartuga.	Tortuga.	Tortuga.
Dromedari.	Dromedari.	Dromedario.
Bramar.	Bramar.	Bramar.
Fontana.	Fontana.	Fontana.
Canon.	Canó.	Canon.
Bosc.	Bosc.	Bosque.
Forestier.	Foraster.	Forastero.
Foresta.	Floresta.	Floresta.
Boton.	Botó.	Boton.
Botonar, abotonar.	Botonar.	Abotonar.
Aplanar.	Aplanar.	Allanar.
Arri.	Arri.	Arre.

L'interjection ARRI, dont se servaient les cultivateurs à marcher en avant, est sans doute un reste de l'ancien gramme *de Mulabus gallicis* :

Dissona quam varios flectant ad murmura cursus
Et certas adeant, voce regente, vias....
Barbaricos docili concipit aure sonos.
Absentis longinqua valens præcepta magistri,
Frenorumque vicem lingua virilis agit....
Miraris si voce feras pacaverit Orpheus,
Cum pronas pecudes gallica verba regant !

§. VIII.

MÉTAUX, ARTS ET MÉTIERS, TRAVAUX ET ARTISTES ET OUVRIERS

Troub.	*Cat.*	*Esp.*
Argentar.	Argentar.	Argentar.
Lato.	Llautó.	Laton.

Port.	*It.*	*Fr.*
Calhandra.	Calandra.	Calandre.
Papagaio.	Pappagallo.	Papegault.
Bico.	Becco.	Bec.
Cabrito.	Capretto.	Cabrit.
Bode.	Becco.	Boc.
Sirena.	Sirena.	Sirène.
Tartaruga.	Tartaruga.	Tortue.
Dromedario.	Dromedario.	Dromadaire.
Bramar.	Bramare.	Bramer.
Fontinha.	Fontana.	Fontaine.
Cano.	Cannone.	Canon (tuyau).
Bosque.	Bosco.	Bosc.
Forasteiro.	Forestiere.	Forestier.
Floresta.	Foresta.	Forest.
Botão.	Bottone.	Bouton.
Abotoar.	Abbottonare.	Boutonner.
Aplainar.	Appianare.	Aplaner.
Arre.	Arri.	Arri.

et les conducteurs de bêtes de charge, pour les exciter idiôme méridional, dont Claudien disait dans son épi-

Comme elles changent et varient leur allure, et obéissant à la voix elles suivent les routes qu'elle indique.... La mule comprend d'une oreille docile les intonations barbares; le conducteur n'est pas présent, mais ses ordres, entendus de loin, sont respectés, et la langue de l'homme la dirige comme ferait le frein.

Tu t'étonnes de ce que la voix d'Orphée apprivoisa les monstres, quand des paroles d'un Gaulois gouvernent les mules courbées vers la terre!

§. VIII.

INSTRUMENTS CONCERNANT LES ARTS ET LES MÉTIERS, QUI LES EXERÇAIENT, ETC.

Port.	*It.*	*Fr.*
Argentar.	Argentare.	Argenter.
Latão.	Ottone.	Laiton.

Troub.	*Cat.*	*Esp.*
Sobredaurar.	Sobredaurar.	Sobredorar.
Pellicier.	Pellicer.	Pellejero.
Cardaire.	Cardador.	Cardador.
Cardar.	Cardar.	Cardar.
Batedor.	Batedor.	Batedor.
Molinier.	Moliner.	Molinero.
Molin.	Molí.	Molino.
Barbier.	Barber.	Barbero.
Barbairia.	Barberia.	Barberia.
Enfornar.	Enfornar.	Enhornar.
Farga.	Farga.	Forja.
Esmerar.	Esmerar.	Esmerar.
Agusar.	Aguzar.	Aguzar.
Aguilla.	Agulha.	Aguja.
Descoser.	Descosir.	Descoser.
Acerar.	Acerar.	Acerar.
Ferrar.	Ferrar.	Herrar.
Desferrar.	Desferrar.	Desherrar.
Clavelar.	Clavelar.	Clavar.
Brunir.	Brunyir.	Bruñir.
Martel.	Martell.	Martillo.
Martellar.	Martellejar.	Martillar.
Bugada.	Bugada.	Bugada.
Lavandiera.	Llavandera.	Lavandera.
Banhar.	Banyar.	Bañar.
Filar.	Filar.	Hilar.
Desfilar.	Desfilar.	Deshilar.
Filet.	Filet.	Fileto.
Destorser.	Destorcer.	Destorcer.
Afinar.	Afinar.	Afinar.
Raisfinar.	Refinar.	Refinar.
Fineza.	Finesa.	Fineza.
Fin.	Fi.	Fino.
Pic.	Pico.	Pico.
Picar.	Picar.	Picar.
Destrempar.	Destemplar.	Destemplar.
Emplegar.	Emplegar.	Emplear.
Poncha.	Punxa.	Punta.

Port.	*It.*	*Fr.*
Sobredourar.	Sopraindorare.	Surdorer.
Pelleiro.	Pellicciere.	Pellicier.
Cardador.	Cardatore.	Cardeur.
Cardar.	Cardare.	Carder.
Batedor.	Battitore.	Batteur.
Moleiro.	Molinaro.	Molinier.
Moinho.	Molino.	Molin.
Barbeiro.	Barbiere.	Barbier.
Barbearia.	Barbieria.	Barberie.
Enfornar.	Infornare.	Enfourner.
Forja.	Foggia, fucina.	Forge.
Esmerar.	Smerare.	Esmerer.
Aguçar.	Aguzzare.	Aguiser.
Agulha.	Aguglia.	Aguille.
Descozer.	Scucire.	Découdre.
Azerar.	Acciajare.	Acérer.
Ferrar.	Ferrare.	Ferrer.
Desferrar.	Sferrare.	Déferrer.
Cravar.	Chiavellare.	Claveller.
Brunir.	Brunire.	Brunir.
Martello.	Martello.	Martel.
Martellar.	Martellare.	Marteller.
Bugada.	Bucata.	Buée.
Lavandeira.	Lavandara.	Lavandière.
Banhar.	Bagnare.	Baigner.
Fiar.	Filare.	Filer.
Desfiar.	Sfilare.	Défiler.
Filete.	Filetto.	Filet.
Destorcer.	Storcere.	Détordre.
Affinar.	Affinare.	Affiner.
Refinar.	Raffinare.	Raffiner.
Fineza.	Finezza.	Finesse.
Fino.	Fino.	Fin.
Picão.	Piccone.	Pic.
Picar.	Picchiare.	Piquer.
Destemperar.	Distemprare.	Détremper.
Empregar.	Impiegare.	Employer.
Ponta.	Punta.	Pointe.

Troub.	*Cat.*	*Esp.*
Apontamen.	Apuntament.	Apuntamiento.
Apontar.	Apuntar.	Apuntar.
Deissoterrar.	Dessoterrar.	Desoterrar.

En lisant cette liste, on aura sans doute remarqué
donnèrent pour exprimer divers arts et métiers, et dé-
Ainsi, du latin *carduus*, elles firent *cardaire, cardar;*
le verbe *enfornar;* d'*acutus*, le verbe *agusar;* d'*acies,*
de *balneum*, le verbe *banhar,* et de *filum*, les mots *filar,*
On trouve aussi plusieurs mots dont le latin n'a pas
bugada, pic, picar, etc. *Fin, fineza, afinar, raisfinar,*
dériver de FIN*is,* pris dans le sens de perfection. Voyez

§. IX.

L'HOMME, SON CORPS, SES QUALITÉS; ACTIONS SES PROCÉDÉS, USAGES

Troub.	*Cat.*	*Esp.*
Personatge.	Personatge.	Personage.
Donzel.	Donsell.	Doncell.
Donzella.	Donsella.	Doncella.
Nayssemen.	Naximen.	Nacimiento.
Velh.	Vell.	Viejo.
Envellezir.	Envellir.	Envejecer.
Sobrenom.	Sobrenom.	Sobrenombre.
Creissemen.	Crexement.	Crecimiento.
Avivar.	Avivar.	Avivar.
Anca.	Anca.	Anca.
Flanc.	Flanc.	Flanco.
Faisso.	Facció.	Faccion.
Pansa.	Panxa.	Panza.
Sobredent.	Sobredent.	Sobrediente.
Barbut.	Barbut.	Barbudo.
Velut.	Vellut.	Velludo.
Membrut.	Membrud.	Membrudo.
Desmembrar.	Desmembrar.	Desmembrar.

Port.	*It.*	*Fr.*
Apontamento.	Appuntamento.	Appointement.
Apontar.	Appuntare.	Appointer.
Desenterrar.	Dissotterrare.	Déterrer.

certain nombre de mots que les langues néolatines se
signer les personnes qui les exerçaient.
de *barba*, *barbator*, vint *barbier*, *barbairia*; de *forn*,
celui d'*acerar*; de *ferrum*, ceux de *ferrar* et *desferrar*;
desfilar, *filet*, etc.
fourni la racine : *Forja*, *brunir*, *martel*, *martellar*,
ont exercé la sagacité des étymologistes ; on peut les
Pasquier, liv. VIII, ch. 64.

§. IX.

PHYSIQUES, REPOS, MOUVEMENT, SES MANIÈRES,
DOMESTIQUES, ETC.

Port.	*It.*	*Fr.*
Personagem.	Personaggio.	Personnage.
Donzel.	Donzello.	Donzel.
Donzella.	Donzella.	Donzelle.
Nascimento.	Nascimento.	Naissement.
Velho.	Vecchio.	Vieil.
Envelhecer.	Invecchiare.	Envieillir.
Sobrenome.	Soprannome.	Surnom.
Crecimento.	Crescimento.	Croissement.
Avivar.	Avvivare.	Aviver.
Anca.	Anca.	Hanche.
Flanco.	Fianco.	Flanc.
Faccão.	Fazione.	Façon.
Pança.	Pancia.	Panse.
Sobredente.	Sopraddente.	Surdent.
Barbudo.	Barbuto.	Barbu.
Veludo.	Velluto.	Velu.
Membrudo.	Membruto.	Membru.
Desmembrar.	Smembrare.	Démembrer.

Troub.	*Cat.*	*Esp.*
Escarnar, descarnar.	Descarnar.	Escarnar, descar
Magreza.	Magreza.	Magreza.
Desfigurar.	Desfigurar.	Desfigurar.
Desnaturar.	Desnaturar.	Desnaturar.
Merdos.	Merdos.	Merdoso.
Movimen.	Moviment.	Movimiento.
Viatge.	Viatge.	Viage.
Aviar.	Aviar.	Aviar.
Desviamen.	Desviament.	Desviamiento.
Desviar.	Desviar.	Desviar.
Obviar.	Obviar.	Obviar.
Aventura.	Aventura.	Aventura.
Aventurier.	Aventurer.	Aventurero.
Aventurar.	Aventurar.	Aventurar.
Desaventura.	Desventura.	Desaventura.
Mesquin.	Mesquí.	Mezquino.
Desastrat.	Desastrat.	Desastrado.
Desastruc.	Desastruch.	Desastroso.
Angoissar.	Angoissar.	Angustiar.
Carencia.	Carencia.	Carencia.
Afan.	Afany.	Afan.
Afanar.	Afanar.	Afanar.
Guisa.	Guisa.	Guisa.
Maneira.	Manera.	Manera.
Semblan.	Semblant.	Semblante.
Semblansa.	Semblansa.	Semejanza.
Monstra.	Mostra.	Muestra.
Afaitar.	Afaytar.	Afeitar.
Afaitamen.	Afaytament.	Afeitamiento.
Contrafaire.	Contrafer.	Contrahacer.
Contrafazedor.	Contrafaedor.	Contrahacedor.
Desfaire, desfar.	Desfer.	Deshacer.
Diversifiar.	Diversificar.	Diversificar.
Virar.	Girar.	Virar.
Tirar.	Tirar.	Tirar.
Estirar.	Estirar.	Estirar.
Retirar.	Retirar.	Retirar.
Retornar.	Retornar.	Retornar.

Port.	*It.*	*Fr.*
Escarnar, descarnar.	Scarnare.	Décharner.
Magreza.	Magrezza.	Maigresse.
Desfigurar.	Sfigurare.	Défigurer.
Desnaturar.	Disnaturare.	Dénaturer.
Merdoso.	Merdoso.	Merdeux.
Movimento.	Movimento.	Mouvement.
Viagem.	Viaggio.	Voyage.
Aviar.	Avviare.	Avier.
Desviamento.	Sviamento.	Déviement.
Desviar.	Sviare.	Dévier.
Obviar.	Ovviare.	Obvier.
Aventura.	Avventura.	Aventure.
Avantureiro.	Avventuriere.	Aventurier.
Aventurar.	Avventurare.	Aventurer.
Desaventura.	Disavventura.	Désaventure.
Mesquinho.	Meschino.	Mesquin.
Desastrado.	Disastrato.	Désastré.
Desastroso.	Desastroso.	Désastreux.
Angustiar.	Angosciare.	Angoisser.
Carencia.	Carenzia.	Carence.
Affano.	Affanno.	Ahan.
Affanar.	Affannare.	Ahanner.
Guisa.	Guisa.	Guise.
Maneira.	Maniera.	Manière.
Semblante.	Sembiante.	Semblant.
Semelhança.	Sembianza.	Semblance.
Mostra.	Mostra.	Montre.
Affeitar.	Affaitare.	Afaiter.
Affeitamento.	Affaittamento.	Afaitement.
Contrafazer.	Contraffare.	Contrefaire.
Contrafazedor.	Contrafattore.	Contrefacteur.
Desfazer.	Disfare.	Défaire.
Diversificar.	Diversificare.	Diversifier.
Virar.	Virare.	Virer.
Tirar.	Tirare.	Tirer.
Estirar.	Stirare.	Etirer.
Retirar.	Ritirare.	Retirer.
Retornar.	Ritornare.	Retourner.

7

Troub.	*Cat.*	*Esp.*
Usar.	Usar.	Usar.
Usage.	Usatge.	Usage.
Messatge.	Missatge.	Mensage.
Mantener.	Mantenir.	Mantener.
Entretenir.	Entretenir.	Entretener.
Puiar.	Pujar.	Pujar.
Trabucar.	Trabucar.	Trabucar.
Tombar.	Tombar.	Tumbar.
Calar.	Calar.	Callar.
Tardansa.	Tardansa.	Tardanza.
Pelar.	Pelar.	Pelar.
Destrempar.	Destemplar, destrempar.	Destemplar.
Destempramen.	Destrempament.	Destemplamiento.
Portador.	Portador.	Portador.
Custodi.	Custodi.	Custodio.
Maneiar.	Manejar.	Manejar.
Forsar.	Forsar.	Forzar.
Esforzar.	Esforzar.	Esforzar.
Recular.	Recular.	Recular.
Encontra.	Encontre.	Encuentro.
Encontrar.	Encontrar.	Encontrar.
Praticar.	Practicar.	Practicar.
Aparelh.	Aparell.	Aparejo.
Prest.	Prest.	Presto.
Fornir.	Fornir.	Fornir.
Baisar.	Besar.	Besar.
Contrast.	Contrast.	Contrasto.
Envit.	Envit.	Envite.
Cavalcar.	Cavalgar.	Cabalgar.
Cavalcada.	Cavalcata.	Cabalgada.
Cavalcadura.	Cavalgadura.	Cabalgadura.
Encavalcar.	Encavalcar.	Encabalgar.
Descavalcar.	Descabalcar.	Descabalgar.
Galop.	Galop.	Galope.
Galaupar.	Galopar.	Galopear.
Trot.	Trot.	Trot.

Que d'observations j'aurais à présenter sur les mo

Port.	*It.*	*Fr.*
Usar.	Usare.	User.
Usagem.	Usaggio.	Usage.
Mensagem.	Messaggio.	Message.
Manter.	Mantenere.	Maintenir.
Entreter.	Intrattenere.	Entretenir.
Pujar.	Poggiare.	Puier.
Trabucar.	Traboccare.	Trébucher.
Tombar.	Tomare, tombolare.	Tomber.
Calar.	Calare.	Caler.
Tardança.	Tardanza.	Tardance.
Pelar.	Pelare.	Peler.
Destemperar.	Distemperare.	Détremper.
Destemperamento.	Distemperamento.	Détrempement.
Portador.	Portatore.	Porteur.
Custodio.	Custode.	Custode.
Manejar.	Maneggiare.	Manier.
Forçar.	Forzare.	Forcer.
Esforçar.	Sforzare.	Efforcer.
Recuar.	Rinculare.	Reculer.
Encontro.	Incontro.	Encontre.
Encontrar.	Incontrare.	Encontrer.
Praticar.	Praticare.	Pratiquer.
Apparelho.	Apparecchio.	Appareil.
Presto.	Presto.	Prest.
Fornir.	Fornire.	Fournir.
Beijar.	Bacciare.	Baiser.
Contraste.	Contrasto.	Contraste.
Envite.	Invito.	Envit.
Cavalgar.	Cavalcare.	Chevaucher.
Cavalgada.	Cavalcata.	Cavalcade.
Cavalgadura.	Cavalcatura.	Chevauchéure.
Encavalgar.	Incavalcare.	Enchevaucher.
Descavalgar.	Discavalcare.	Déchevaucher.
Galope.	Galoppo.	Galop.
Galopar, galopear.	Galoppare.	Galopper.
Trote.	Trotto.	Trot.

contenus dans ce paragraphe! Comment concevoir

les langues néolatines eussent disposé, chacune à son
rivées du latin, les autres dérivées du latin, mais avec
Dans les mots que le latin n'a pas fournis, on distin-
retirar, *tombar*, *calar*.

Dans ceux dont la racine est latine, de *trabucus* a été
desviamen desviar; d'*astrum*, les adjectifs *desastrat*,
le verbe *aventurar* et les substantifs *aventurier*, *desaven-*
les dérivés de *caballus*, latin, *cavalcar*, *cavalcada*,
marquer que les mots *trot*, *galop*, *galaupar*, n'ont

§. X.

RELATIONS DE FAMILLE, DE SOCIÉTÉ; AMOUR, QUALITÉS, NOBLES

Troub.	*Cat.*	*Esp.*
Enparentar.	Emparentar.	Emparentar.
Linhatge.	Llinatge.	Linage.
Paternal.	Paternal.	Paternal.
Fraternal.	Fraternal.	Fraternal.
Compaire.	Compare.	Compadre.
Comaire.	Comare.	Comadre.
Confraire.	Confrare.	Confrade.
Compan.	Compagn.	Compaño.
Acompanhar.	Acompanyar.	Acompañar.
Bastard.	Bastard.	Bastardo.
Amistat.	Amistat.	Amistad.
Desamar.	Desamar.	Desamar.
Enamorar.	Enamorar.	Enamorar.
Abrassar.	Abrassar.	Abrazar.
Confederation.	Confederació.	Confederation.
Ciutadan.	Ciutadá.	Ciudadano.
Condeyssendre.	Condescendir.	Condescender.
Socors.	Socors.	Socorro.
Oblidar.	Oblidar.	Olvidar.
Remembransa.	Remembrança.	Remembranza.
Activitat.	Activitat.	Actividad.
Coratge.	Coratge.	Corage.

usage, tant d'expressions identiques, les unes non dé-
des modifications uniformes?
guera *anca, pansa, flanc, afan, afanar, guisa, tirar,*

formé *trabucar*, de *via*, sont dérivés *viatge, aviar, desastrut;* de *manus*, le substantif *maniera;* de *venir, tura.* J'appelle surtout l'attention des philologues sur *cavalcadura, encavalcar, descavalcar*, en faisant re-
aucun rapport avec la langue latine.

§. X.

AMITIÉ, IMPRESSIONS MORALES, BONNES SENTIMENTS, ETC.

Port.	*It.*	*Fr.*
Emparentar.	Imparentare.	Emparenter.
Linhagem.	Lignaggio.	Lignage.
Paternal.	Paternale.	Paternel.
Fraternal.	Fraternale.	Fraternel.
Compadre.	Compare.	Compère.
Comadre.	Comare.	Commère.
Confrade.	Confrate.	Confrère.
Companhão.	Compagno.	Compain, compagnon.
Acompanhar.	Accompagnare.	Accompagner.
Bastard.	Bastardo.	Bastard.
Amistade.	Amistà.	Amisté.
Desamar.	Disamare.	Désaimer.
Enamorar.	Innamorare.	Enamourer.
Abraçar.	Abbracciare.	Embrasser.
Confederação.	Confederazione.	Confédération.
Cidadão.	Cittadino.	Citadin.
Condescender.	Condescendere.	Condescendre.
Socorro.	Soccorso.	Secors.
Olvidar.	Obbliare.	Oublier.
Remembrança.	Rimembranza.	Remembrance.
Actividade.	Attività.	Activité.
Coragem.	Coraggio.	Corage.

Troub.	*Cat.*	*Esp.*
Coratjos.	Coratjos.	Corajoso.
Cordial.	Cordial.	Cordial.
Misericordios.	Misericordios.	Misericordioso.
Caritatiu.	Caritatiu.	Caritativo.
Perdo.	Perdó.	Perdon.
Perdonar.	Perdonar.	Perdonar.
Franc.	Franc.	Franco.
Franqueza.	Franquesa.	Franqueza.
Gentileza.	Gentilesa.	Gentileza.
Seguransa.	Asseguransa.	Seguranza.
Assegurar.	Assegurar.	Asegurar.
Largueza.	Llarguesa.	Largueza.
Sentimen.	Sentiment.	Sentimiento.
Consentimen.	Consentiment.	Consentimiento.
Interessar.	Interessar.	Interesar.
Grat.	Grat.	Grado.
Agradar.	Agradar.	Agradar.
Lealtat.	Llealtat.	Lealtad.
Fiar, fizar.	Fiar.	Fiar.
Confidar.	Confiar.	Confiar.
Confisansa.	Confiansa.	Confianza.
Costumar.	Costumar.	Costumbrar.
Acostumar.	Acostumar.	Acostumbrar.
Plaser.	Plaer.	Placer.
Desieg.	Desitgi.	Deseo.
Vregognos.	Vergonyos.	Vergoñoso.
Meravelha.	Maravella.	Maravilla.
Maravelhar.	Maravellar.	Maravillar.
Maravillos.	Maravellos.	Maravilloso.
Remirar.	Remirar.	Remirar.

Parmi les mots classés dans ce paragraphe, on remar-
quelques uns, tels que *perdo*, *perdonar*, *bastard*,
fournie par la langue latine, comme *amistat*, *enamorar*,
n'applaudira-t-on pas à l'industrieuse composition des
verbes, *consuefacere* et *consuescere;* les verbes romans
langue romane ayant fait *costum*, c'est avec le secours
tumar et *acostumar*.

Port.	*It.*	*Fr.*
Coraçudo.	Coraggioso.	Courageux.
Cordial.	Cordiale.	Cordial.
Misericordioso.	Misericordioso.	Misericordios.
Caritativo.	Caritativo.	Caritatif.
Perdão.	Perdono.	Pardon.
Perdoar.	Perdonare.	Pardonner.
Franco.	Franco.	Franc.
Franqueza.	Franchezza.	Franchise.
Gentileza.	Gentilezza.	Gentillesse.
Seguransa.	Sicuranza.	Séurtance.
Assegurar.	Assicurare.	Asséurer.
Largueza.	Larghezza.	Largesse.
Sentimento.	Sentimento.	Sentiment.
Consentimento.	Consentimento.	Consentement.
Interessar.	Interessare.	Intéresser.
Grado.	Grado.	Gret.
Agradar.	Aggradare.	Agréer.
Lealtade.	Lealtà.	Loyauté.
Fiar.	Fidar.	Fier.
Confiar.	Confidare.	Confier.
Confianza.	Confidanza.	Confiance.
Costumar.	Costumare.	Coutumer.
Acostumar.	Accostumare.	Accoutumer.
Plazer.	Piacere.	Plaisir.
Desejo.	Desio.	Désir.
Vergonhoso.	Vergognoso.	Vergogneux.
Maravilha.	Maraviglia.	Merveille.
Maravilhar.	Maravigliare.	Merveiller.
Maravilhoso.	Maraviglioso.	Merveilleux.
Remirar.	Rimirare.	Remirer.

quera que la grande partie sont dérivés du latin, excepté *franqueza*, etc.; parmi les mots dont la racine a été *desamar*, venus d'*amor*, et *agradar*, venu de *gratus*, verbes *costumar* et *acostumar*? Le latin fournissait deux n'en ont rien emprunté; mais de co*nsue*TU*dine*M la de ce substantif qu'ont été formés les deux verbes *cos*-

§. XI.

MAUVAISES QUALITÉS, MAI

Troub.	*Cat.*	*Esp.*
Deshonest.	Deshonest.	Deshonesto.
Deshonestetat.	Deshonestedat.	Deshonestidad
Deshonor.	Deshonor.	Deshonor.
Deshonrar, deshonorar.	Deshonrar.	Deshonrar.
Desleal.	Deslleal.	Desleal.
Deslealtat.	Desllealtat.	Deslealdad.
Desmesura.	Desmesura.	Desmesura.
Coart.	Coart.	Cobarde.
Coardia.	Cobardia.	Cobardia.
Malvat.	Malvad.	Malvado.
Cobeitar.	Cobdiciar.	Codiciar.
Cubitia.	Cobdicia.	Codicia.
Subtileza.	Sutilesa.	Subtileza.
Subtiliar.	Subtilisar.	Subtilizar.
Contrariar.	Contrariar.	Contrariar.
Desmentir.	Desmentir.	Desmentir.
Fantasia.	Fantasia.	Fantasia.
Lausengier, lauzenjador.	Lausengador.	Lisonjeador.
Fenhemen.	Fingiment.	Fingimiento.
Enueg.	Enug.	Enojo.
Enoios.	Enujos.	Enojoso.
Enuiar.	Enujar.	Enojar.
Trufar.	Trufar.	Trufar.
Paoros.	Pavoros.	Pavoroso.
Espavent.	Espant.	Espaviento.
Espaventar.	Espantar.	Espantar.
Molleza.	Mollesa.	Molleza.
Orguelh.	Orgull.	Orgullo.
Orguelhos.	Orgullos.	Orgulloso.
Falsari.	Falsari.	Falsario.
Puta.	Puta.	Puta.
Brutal.	Brutal.	Brutal.

§. XI.

SENTIMENTS, MAUVAISES ACTIONS.

Port.	*It.*	*Fr.*
Deshonesto.	Disonesto.	Déshonnête.
Deshonestidade.	Disonestità.	Déshonnêteté.
Deshonor.	Disonore.	Déshonneur.
Deshonrar.	Disonorare, desonrare.	Déshonorer.
Desleal.	Disleale.	Déloyal.
Deslealdade.	Dislealtà.	Déloyauté.
Desmesura.	Dismisura.	Desmesure.
Cobarde.	Codardo.	Couart.
Cobardia.	Codardia.	Couardise.
Malvado.	Malvaggio.	Malvais.
Cobiçar.	Cubitare.	Convoiter.
Cobiça.	Cupidizia.	Convoitise.
Subtileza.	Sottigliezza.	Subtilesse.
Subtilizar.	Sottigliare.	Subtiliser.
Contrariar.	Contrariare.	Contrarier.
Desmentir.	Smentire.	Démentir.
Fantasia.	Fantasia.	Fantaisie.
Lisonjeiro.	Lusinghiere.	Losengier, losengeour.
Fingimento.	Fingimento.	Feignement.
Enojo.	Noja.	Ennui.
Enojoso.	Annojoso.	Ennuyeux.
Enojar.	Annojare.	Ennuyer.
Trufar.	Truffare.	Truffer.
Pavoroso.	Paoroso.	Peureux.
Espanto.	Spavento.	Épouvante.
Espantar.	Spaventare.	Épouvanter.
Molleza.	Mollezza.	Mollesse.
Orgulho.	Orgoglio.	Orguel.
Orgulhoso.	Orgoglioso.	Orgoillos.
Falsario.	Falsario.	Faussaire.
Puta.	Putta.	Pute.
Brutal.	Brutale.	Brutal.

Troub.	*Cat.*	*Esp.*
Nesci.	Neci.	Necio.
Venjansa.	Venjansa.	Venganza.
Venjador.	Venjador.	Vengador.
Desdenh.	Desdeny.	Desden.
Destruimen.	Destruiment.	Destruimiento.
Corrumpemen.	Corrompiment.	Corrompimiento.
Batemen.	Batimen.	Batimiento.

Avant d'indiquer les principaux termes de ce para-
je ferai remarquer le mot composé MALVAT, adopté par
celui *qui va mal.* Le latin avait donné l'exemple de
mots l'adverbe *male;* c'est en s'emparant de cette for-
Dans ce même paragraphe *coart, coardia, enueg,*
des langues autres que la latine.

§. XII.

COMMERCE, TRAFIC, ACHAT, VENTE, ÉCHANGES, MARINE,

Troub.	*Cat.*	*Esp.*
Cost.	Cost.	Costo.
Costar.	Costar.	Costar.
Gazanh.	Gazagn.	Gano.
Gazanhar.	Gazagnar.	Ganar.
Profeit.	Profit.	Provecho.
Profeitar.	Profitar.	Provechar.
Feira.	Feria.	Feria.
Fazenda.	Facenda.	Facienda.
Prestar.	Prestar.	Prestar.
Botiga.	Botiga.	Botica.
Mercadeiar.	Mercadejar.	Mercadear.
Desprezar.	Despreciar.	Despreciar.
Pes.	Pes.	Peso.
Contrapes.	Contrapes.	Contrapeso.
Contrapesar.	Contrapesar.	Contrapesar.

Port.	It.	Fr.
Necio.	Nescio.	Nice.
Vingança.	Vengianza.	Vengeance.
Vingador.	Vendicatore.	Vengeur.
Desdem.	Disdegno.	Desdaing.
Destruimento.	Distruggimento.	Destruisement.
Corrompimento.	Corrompimento.	Corrumpement.
Batimento.	Battimento.	Battement.

graphe qui n'ont pas été fournis par la langue latine, toutes les langues néolatines, et créé pour exprimer modifier les qualités ou les actions, en apposant aux mule que la langue romane produisit *malvat*.
enoios, *enuiar*, *orguelh*, *orguelhos*, sont empruntés à

§. XII.

MARCHANDISES, PRODUITS INDUSTRIELS, NAVIGATION, ETC.

Port.	It.	Fr.
Custo.	Costo.	Cost, coût.
Custar.	Costare.	Coster.
Ganho.	Guadagno.	Gaaing.
Ganhar.	Guadagnare.	Gagner.
Proveito.	Profitto.	Profeit.
Aproveitar.	Profittare.	Profiter.
Feira.	Fiera.	Foire.
Fazenda.	Faccenda.	Faciende.
Prestar.	Prestare.	Prester.
Botica.	Bottega.	Boutique.
Mercadejar.	Mercanteggiare.	Marchander.
Desprezar.	Disprezzare.	Despriser.
Peso.	Peso.	Poids.
Contrapezo.	Contrappeso.	Contrepoids.
Contrapezar.	Contrappesare.	Contrepeser.

Troub.	*Cat.*	*Esp.*
Comprar.	Comprar.	Comprar.
Prometedor.	Prometedor.	Prometedor.
Pagar.	Pagar.	Pagar.
Paga.	Paga.	Paga.
Pagamen.	Pagament.	Pagamento.
Apagar.	Apagar.	Apagar.
Recepta.	Recepta.	Receta.
Tara.	Tara.	Tara.
Bala.	Bala.	Bala.
Encant.	Encant.	Encante.
Trafec.	Trafag.	Trafago.
Endeptar.	Endeutar.	Endeudar.
Cambiador.	Cambiador.	Cambiador.
Conditionar.	Condicionar.	Condicionar.
Comtar.	Comptar.	Contar.
Compte.	Compte.	Cuenta.
Recobramen.	Recobrament.	Recobramiento.
Carrat.	Quilat.	Quilate.
Alcali.	Alkali.	Alcali.
Barataria.	Barateria.	Barateria.
Baratar.	Baratar.	Baratar.
Baratier.	Barater.	Baratero.
Marina.	Marina.	Marina.
Marinier.	Mariner.	Marinero.
Galera.	Galera.	Galera.
Bathelh.	Batell.	Batel.
Barca.	Barca.	Barca.
Embarcar.	Embarcar.	Embarcar.
Popa.	Popa.	Popa.
Vela.	Vela.	Vela.
Vogar.	Bogar.	Bogar.
Calafatar.	Calafatejar.	Calafetar.
Caramida.	Caramida.	Calamita.
Tramuntana.	Tramontana.	Tramontana.

Plusieurs des termes de commerce et de navig
à la langue latine. Dans les termes de commerce, o
tara, *carat*; et parmi les mots dérivés du latir

Port.	*It.*	*Fr.*
Comprar.	Comprare.	Compérer.
Promettedor.	Promettitore.	Prometteur.
Pagar.	Pagare.	Payer.
Paga.	Paga.	Paye.
Pagamento.	Pagamento.	Payement.
Apagar.	Appagare.	Apaier.
Receita.	Ricetta.	Recette.
Tara.	Tara.	Tare.
Bala.	Balla.	Balle.
Encante.	Incanto.	Encan.
Trafego.	Traffico.	Trafic.
Endividar.	Indebitare.	Endetter.
Cambiador.	Cambiatore.	Cambgeur.
Condicionar.	Condizionare.	Conditionner.
Contar.	Contare.	Compter.
Conta.	Conto.	Compte.
Recobramento.	Ricuperamento.	Recouvrement.
Quilate.	Carato.	Carat.
Alkali.	Alcali.	Alcali.
Barataria.	Baratteria.	Baraterie.
Baratar.	Barattare.	Barater.
Barateiro.	Barattiero.	Barateor.
Marinha.	Marina.	Marine.
Marinheiro.	Marinaro.	Marinier.
Galera.	Galera.	Galère.
Bote.	Batello.	Batel.
Barca.	Barca.	Barque.
Embarcar.	Imbarcare.	Embarquer.
Poppa.	Poppa.	Poupe.
Vela.	Vela.	Voile.
Vogar.	Vogare.	Voguer.
Calafetar.	Calafatare.	Calfater.
Calamita.	Calamita.	Calamite.
Tramontana.	Tramontana.	Tramontane.

que présente ce paragraphe, sont entièrement étr
marquera *cost, costar, gazanh, gazanhar, b*
citerai, 1°. *comprar,* venant de COMPARARE, par

l'action d'acheter est celle de comparer la valeur de l'ob-
cant, que la langue romane forme d'IN QUANT*um*, c'est-à-
termes de navigation, *galera*, *bathelh*, *barca*, *embar-*
avec la langue latine; et *barataria*, *baratar*, *baratier*,
marins se rendent parfois coupables.

§. XIII.

PAROLE, LANGAGE,

Troub.	*Cat.*	*Esp.*
Lenguatge.	Llenguatge.	Lenguage.
Arenguar.	Arengar.	Arengar.
Arengua.	Arenga.	Arenga.
Girgo.	Gergon.	Gerigonza.
Parlamen.	Parlament.	Parlamento.
Parlador.	Parlador.	Parlador.
Estudiar.	Estudiar.	Estudiar.
Accentuar.	Accentuar.	Acentuar.
Crit.	Crit.	Grito.
Crida.	Crida.	Grita.
Cridaire, cridador.	Cridador.	Gritador.
Cridar.	Cridar.	Cridar.
Desdire.	Desdir.	Desdecir.
Contradictori.	Contradictori.	Contradictorio.
Disputa.	Disputa.	Disputa.
Sophisticar.	Sofisticar.	Sofisticar.
Pensar.	Pensar.	Pensar.
Pensamen.	Pensament.	Pensamiento.
Avis.	Avis.	Aviso.
Avisar.	Avisar.	Avisar.
Entendemen.	Entendement.	Entendimiento.
Entendedor.	Entendedor.	Entendedor.
Conoissensa.	Conexensa.	Conocencia.
Razonamen.	Rahonament.	Razonamiento.
Requeremen.	Requiriment.	Requerimiento.
Acertar.	Acertar.	Acertar.
Certificar.	Certificar.	Certificar.

jet vendu avec celle de l'objet donné en retour; a dire, « *à combien* poussez-vous l'enchère? » Dai *car, vogar, calafatar, caramida*, n'ont aucun ra ont désigné spécialement un genre de délit doi

§. XIII.

ENTENDEMENT, LITTÉRATURE, ETC.

Port.	*It.*	*Fr.*
Lingoagem.	Linguaggio.	Langage.
Arengar.	Aringare.	Haranguer.
Arenga.	Aringa.	Harangue.
Gerigonça.	Gergo.	Jargon.
Parlamento.	Parlamento.	Parlement.
Fallador.	Parlatore.	Parleur.
Estudar.	Studiare.	Étudier.
Accentuar.	Accentuare.	Accentuer.
Grito.	Grido.	Cri.
Grita.	Grida.	Cride, crie.
Gritador.	Gritadore.	Crière, crieur.
Gritar.	Gridare.	Crier.
Desdizer.	Disdire.	Dédire.
Contraditorio.	Contradittorio.	Contradictoire.
Disputa.	Disputa.	Dispute.
Sophisticar.	Sofisticare.	Sophistiquer.
Pensar.	Pensare.	Penser.
Pensamento.	Pensamento.	Pensement.
Aviso.	Avviso.	Avis.
Avisar.	Avvisare.	Aviser.
Entendimento.	Intendimento.	Entendement.
Entendedor.	Intenditore.	Entendeur.
Conocença.	Conoscenza.	Connoissance.
Razoamento.	Ragionamento.	Raisonnement.
Requerimento.	Richiedimento.	Requèrement.
Acertar.	Accertare.	Acerter.
Certificar.	Certificare.	Certifier.

Troub.	*Cat.*	*Esp.*
Sabi.	Sabi.	Sabio.
Sabieza.	Sabiesa.	Sabieza.
Doctrinar.	Endoctrinar.	Doctrinar.
Doctrinador.	Doctrinayre.	Doctrinador.
Doctrinal.	Doctrinal.	Doctrinal.
Ensenhar.	Ensenyar.	Enseñar.
Trobar.	Trobar.	Trovar.
Trobaire, trobador.	Trobador.	Trovator.
Maestria.	Mestria.	Maestria.
Cansoneta.	Cansoneta.	Chanzoneta.
Romansar.	Romansar.	Romanzar.
Rima.	Rima.	Rima.
Rimar.	Rimar.	Rimar.
Novelha.	Novella.	Novela.
Cobla.	Cobla.	Copla.
Contar.	Contar.	Contar.
Conte.	Compte.	Cuento.
Contaire.	Contador.	Contador.
Glozar.	Glosar.	Glosar.
Enginhar.	Enginyar.	Engeñar.
Aprendre.	Aprehendrer.	Aprender.
Desaprendre.	Desapendrer.	Desaprender.
Emprendre.	Empendrer.	Emprender.

Parmi les mots dont la formation mérite d'être remar-
substantif, *harangue*, et *arengar*, verbe, *haranguer*.
à une langue étrangère, et *arenga* a signifié *harangue*,
écouter, et de même *arengar*, verbe, *haranguer*, ou

§. XIV.

JEUX, AMUSEMENTS,

Troub.	*Cat.*	*Esp.*
Dansar.	Dansar.	Danzar.
Dansa.	Dansa.	Danza.
Bal.	Ball.	Baile.

Port.	*It.*	*Fr.*
Sabio.	Savio.	Saive.
Sabedoria.	Saviezza.	Sagesse.
Doutrinar.	Dottrinare.	Doctriner.
Doutrinador.	Dottrinatore.	Doctrineur.
Doutrinal.	Dottrinale.	Doctrinal.
Ensinar.	Insegnare.	Enseigner.
Trovar.	Trovare.	Trouver.
Trovador.	Trovatore.	Trouvere, troubadour.
Mestria.	Maestria.	Mestrie.
Cançoneta.	Canzonetta.	Chansonnette.
Romancear.	Romanzeggiare.	Romancer.
Rima.	Rima.	Rime.
Rimar.	Rimare.	Rimer.
Novella.	Novella.	Nouvelle.
Copla.	Cobola.	Couplet.
Contar.	Contare.	Conter.
Conto.	Conto.	Conte.
Contador.	Contatore.	Conteur.
Glossar.	Glosare.	Gloser.
Engenhar.	Ingenare.	Ingénier.
Apprender.	Apprendere.	Apprendre.
Desapprender.	Disapprendere.	Désapprendre.
Emprender.	Imprendere.	Emprendre.

quée, les linguistes distingueront sans doute *arenga*, Pour les former, *renc*, substantif, *rang*, a été emprunté ou discours adressé à des personnes placées en rang pour parler à des personnes rangées autour de soi.

§. XIV.

MUSIQUE, CHASSE, ETC.

Port.	*It.*	*Fr.*
Dançar.	Danzare.	Danser.
Dança.	Danza.	Danse.
Baile.	Ballo.	Bal.

Troub.	*Cat.*	*Esp.*
Dat.	Dau.	Dado.
Arpa.	Arpa.	Arpa.
Flauta.	Flauta.	Flauta.
Trompa, tromba.	Trompa.	Trompa.
Tabor.	Tambor.	Tambor.
Quinta.	Quinta.	Quinta.
Joguador.	Jugador.	Jugador.
Cassa.	Cassa.	Caza.
Cassador.	Cassador.	Cazador.
Cassar.	Cassar.	Cazar.
Deport.	Deport.	Deporte.

Ce paragraphe ne contient qu'un petit nombre de *dansar, dansa*, s'ils sont dérivés du latin, n'ont été em- par les langues néolatines, de même que le mot *bal*. Les Fortunat, *flauta*, *trompa*, *tabor*, n'ont pas été em- *cassar*, verbe, *chasser*, et *cassador*, substantif, *chas-* et *casses*, substantifs, signifiant *rets*, *filets*, ont reçu plus étendue.

§. XV.

MÉDECINE, MALADIES,

Troub.	*Cat.*	*Esp.*
Ydropisia.	Hidropesia.	Hidropesia.
Plasmar.	Pasmar.	Pasmar.
Plasmazo.	Pasmo.	Pasmo.
Verdet.	Verdet.	Verdete.
Droga.	Droga.	Droga.
Lectuari.	Electuari.	Electuario.
Preservar.	Preservar.	Preservar.
Salvament.	Salvament.	Salvamiento.
Curable.	Curable.	Curable.
Incurable.	Incurable.	Incurable.
Cauterizacio.	Cauterizació.	Cauterizacion.

Ce court paragraphe présente des mots dérivés du

Port.	It.	Fr.
Dado.	Dado.	Dez.
Harpa.	Arpa.	Harpe.
Frauta.	Flauto.	Flûte.
Trompa.	Tromba.	Trompe.
Tambor.	Tamburo.	Tambour.
Quinta.	Quinta.	Quinte.
Jogador.	Giuocatore.	Joueur.
Caça.	Caccia.	Cace, chasse.
Caçador.	Cacciatore.	Cacéor.
Caçar.	Cacciare.	Chasser.
Deporte.	Diporto.	Deport.

mots, mais ils méritent une attention particulière; car ployés dans l'acception précise de *danser*, de *danse*, que instruments de musique, *arpa*, latinisé par le poète pruntés à la langue latine: et *cassa*, substantif, *chasse*, *seur*, quoique vraisemblablement dérivés du latin *cassis* dans les langues néolatines une signification beaucoup

§. XV.

TRAITEMENT, POISONS, ETC.

Port.	It.	Fr.
Hidropesia.	Idropisia.	Hydropisie.
Pasmar.	Spasimare.	Pasmer.
Pasmo.	Spasimo.	Pamoison, spasme.
Verdete.	Verdetto.	Verdet.
Droga.	Droga.	Drogue.
Electuario.	Elettuario.	Electuaire.
Preservar.	Preservare.	Préserver.
Salvamento.	Salvamento.	Saulvement.
Curavel.	Curabile.	Curable.
Incuravel.	Incurabile.	Incurable.
Cauterização.	Cauterizzazione.	Cautérisation.

latin, et auxquels les langues néolatines ont adapté des

désinences différentes. *Ydropisia* vient du latin *hydro-*
manquait à la langue latine, et il a été créé par la langue
et adopta quelques mots étrangers tels que *droga*, etc.

§. XVI.

GOUVERNEMENT, AUTORITÉ, EXERCICE DU

Troub.	*Cat.*	*Esp.*
Poder.	Poder.	Poder.
Poderos.	Poderos.	Poderoso.
Governamen.	Governament.	Gobernamiento.
Mandamen.	Manament.	Mandamiento.
Comandamen.	Comandamen.	Comandamiento.
Demanda.	Demanda.	Demanda.
Recomandar.	Recomanar.	Recomendar.
Junta.	Junta.	Junta.
Regidor.	Regidor.	Regidor.
Comunal.	Comunal.	Comunal.
Cort.	Cort.	Cort.
Cortes.	Cortes.	Cortes.
Cortesia.	Cortesia.	Cortesia.
Cortejar.	Cortejar.	Cortejar.
Descortes.	Descortes.	Descortes.
Descortesia.	Descortesia.	Descortesia.
Gabela.	Gabella.	Gabela.
Doana.	Duana, aduana.	Aduana.
Peatge.	Peatge.	Peage.
Talha.	Talla.	Talla.
Talhar.	Talhar.	Tajar.
Marc.	Marc.	Marco.
Bezan.	Besant.	Besante.
Billo.	Velló.	Vellon.
Ducat.	Ducat.	Ducado.

Parmi les mots que renferme ce paragraphe, il fau
çais, depuis *cour*, et ses divers dérivés, *cortes*, *cor*
mots *gabella*, *doana*, *peatge*, *talla*, que la langu

pisis ; et *salvament* de *salvatio.* Le substantif *cauteris* romane ; elle créa aussi les adjectifs *curable* et *incura*

§. XVI.

POUVOIR, COURS, IMPOSITIONS, MONNAIES.

Port.	*It.*	*Fr.*
Poder.	Potere.	Poer.
Poderoso.	Poderoso.	Poderos.
Governamento.	Governamento.	Gouvernement.
Mandamento.	Mandamento.	Mandement.
Commandamento.	Comandamento.	Commandement.
Demanda.	Dimanda.	Demande.
Recommendar.	Raccomandare.	Recommander.
Junta.	Giunta.	Junte.
Regedor.	Reggitore.	Régisseur.
Communal.	Comunale.	Communal.
Corte.	Corte.	Cort.
Cortez.	Cortese.	Courtois.
Cortezia.	Cortesia.	Courtoisie.
Cortejar.	Corteggiare.	Courtiser.
Descortez.	Discortese.	Discourtois.
Descortezia.	Discortesia.	Discourtoisie.
Gabella.	Gabella.	Gabelle.
Aduana.	Dogana.	Douane.
Pedagio.	Pedaggio.	Péage.
Talha.	Taglia.	Taille.
Talhar.	Tagliare.	Tailler.
Marco.	Marco.	Marc.
Besante.	Bisante.	Besant.
Bilhão.	Biglione.	Billon.
Ducado.	Ducato.	Ducat.

distinguer le substantif *cort*, jadis *cort*, *court*, en fr *tesia*, *cortejar*, *descortes*, *descortesia ;* et encore latine n'a pas fournis.

§. XVII.

SEIGNEURS, VASSAUX, FÉODAL

Troub.	*Cat.*	*Esp.*
Senhoratge.	Senyoratge.	Señorage.
Senhoria.	Senyoria.	Señoria.
Senhoreiar.	Senyorejar.	Señorear.
Armas.	Armas.	Armas.
Castellan.	Castellá.	Castellan.
Casar.	Casar.	Casar.
Casamen.	Casament.	Casamiento.
Homatge.	Hommatge.	Homenage.
Vassal.	Vassal.	Vasallo.
Vassalatge.	Vassalatge.	Vasalage.
Cesar.	Cesar.	Cesar.
Soudan.	Soldá.	Soldan.
Sultan.	Sultá.	Sultan.
Ducat.	Ducat.	Ducado.
Duguessa.	Duquessa.	Duquesa.
Marques.	Marques.	Marques.
Marquesa.	Marquesa.	Marquesa.
Comtat.	Comptat.	Condado.
Vescoms.	Vescompte.	Vizconde.
Vescomtat.	Vescomptat.	Vizcondad.
Bar, baro.	Baró.	Baro.
Baronessa.	Baronessa.	Baronesa.
Baronia.	Baronia.	Baronia.
Ambassador.	Embaxador.	Embaxador.
Ambassada.	Embaxada.	Embaxada.
Marescal.	Mariscal.	Mariscal.
Capitani.	Capitá.	Capitan.
Bacalar, bachallier.	Batxeller.	Bachiller.
Nobleza.	Noblesa.	Nobleza.

La plupart des mots de ce paragraphe ont é devoirs des vassaux, l'exercice de la féodalité, et l' âge. Aussi en trouve-t-on peu qui soient dérivés du que d'une manière détournée; tels que de *seni*

§. XVII.

TITRES, DIGNITÉS, ETC.

Port.	*It.*	*Fr.*
Senhioragem.	Signoraggio.	Seigneurage.
Senhoria.	Signoria.	Seigneurie.
Senhorear.	Signoreggiare.	Seignorier.
Armas.	Arme.	Armes, armoiries.
Castellão.	Castellano.	Châtelain.
Casar.	Casare.	Caser.
Casamento.	Casamento.	Casement.
Homenagem.	Omaggio.	Hommage.
Vassallo.	Vassallo.	Vassal.
Vassallagem.	Vassallaggio.	Vasselage.
Cesar.	Cesare.	César.
Soldão.	Soldano.	Soudan.
Sultão.	Sultano.	Sultan.
Ducado.	Ducato.	Duché.
Duqueza.	Duchessa.	Duchesse.
Marquez.	Marchese.	Marquis.
Marqueza.	Marchesa.	Marquise.
Condado.	Contado.	Comté.
Visconde.	Visconte.	Vicomte.
Viscondado.	Viscontado.	Vicomté.
Barão.	Barone.	Baron.
Baroneza.	Baronessa.	Baronesse.
Baronia.	Baronia.	Baronie.
Embaixador.	Ambasciatore.	Ambassadeur.
Embaixada.	Ambasciata.	Ambassade.
Marechal.	Maresciallo.	Maréchal.
Capitão.	Capitano.	Capitaine.
Bacharel.	Baccelliere.	Bachelier.
Nobreza.	Nobilezza.	Noblesse.

doute créés à mesure que les droits des seigneurs, des dignités et des titres commencèrent dans le moy et ceux même qui ont leur racine latine n'ont été forn mots *senhoratge*, *senhoria*, *senhoreiar*, etc., etc.

§. XVIII.

LÉGISLATION CIVILE ET CRIMINELLE

Troub.	*Cat.*	*Esp.*
For.	For.	Fuero.
Accort.	Accord.	Acuerdo.
Acordansa.	Acordanza.	Acordanza.
Acordar.	Acordar.	Acordar.
Desacordar.	Desacordar.	Desacordar.
Licenciar.	Llicenciar.	Licenciar.
Promessa.	Promesa.	Promesa.
Contractar.	Contractar.	Contratar.
Ordonnansa.	Ordenansa.	Ordenanza.
Ordenamen.	Ordenament.	Ordenamiento.
Citation.	Citació.	Citacion.
Clam, reclam.	Clam, reclam.	Clamo, reclamo.
Prova.	Proba.	Prueba.
Comissari.	Comisari.	Comisario.
Autenticar.	Autenticar.	Autenticar.
Habilitar.	Habilitar.	Habilitar.
Averar.	Averiguar.	Averiguar.
Ratificar.	Ratificar.	Ratificar.
Privilegiar.	Privilegiar.	Privilegiar.
Heretar.	Heretar.	Heredar.
Desheretar.	Desheretar.	Desheredar.
Envestitura.	Investidura.	Envestidura.
Nullitat.	Nullitat.	Nulidad.
Annular.	Anullar.	Anular.
Assassin.	Assessí.	Asesino.
Legista.	Legista.	Legista.
Justiciar.	Justiciar.	Justiciar.
Jutjamen.	Jutjament.	Juzgamiento.
Justicier.	Justicier.	Justiciero.
Sentenciar.	Sentenciar.	Sentenciar.
Penar.	Penar.	Penar.
Esmenda.	Emena.	Enmienda.
Fustigar.	Fustigar.	Fustigar.

§. XVIII.

PROCÉDURES, CRIMES, DÉLITS, FRAUDES, ETC.

Port.	*It.*	*Fr.*
Foro.	Foro.	For.
Acordo.	Accordo.	Accord.
Acordança.	Accordanza.	Accordance.
Acordar.	Accordare.	Accorder.
Desacordar.	Disaccordare.	Désaccorder.
Licenciar.	Licenziare.	Licencier.
Promessa.	Promessa.	Promesse.
Contratar.	Contrattare.	Contracter.
Ordenança.	Ordinanza.	Ordonnance.
Ordenamento.	Ordinamento.	Ordenement.
Citação.	Citazione.	Citation.
Reclamo.	Richiamo.	Claim, reclaim.
Prova.	Prova.	Preuve.
Commissario.	Commissario.	Commissaire.
Authenticar.	Autenticare.	Authentiquer.
Habilitar.	Abilitare.	Habiliter.
Averiguar.	Avverare.	Avérer.
Ratificar.	Ratificare.	Ratifier.
Privilegiar.	Privilegiare.	Privilégier.
Herdar.	Eredare.	Hériter.
Desherdar.	Diseredare.	Déshériter.
Investidura.	Investitura.	Investiture.
Nullidade.	Nullità.	Nullité.
Annullar.	Annullare.	Annuler.
Assassino.	Assassino.	Assassin.
Legista.	Legista.	Légiste.
Justiçar.	Giustiziare.	Justicier.
Julgamento.	Giudicamento.	Jugement.
Justiceiro.	Giustiziere.	Justicier.
Sentenziar.	Sentenziare.	Sentencier.
Penar.	Penare.	Peiner.
Emenda.	Emenda.	Amende.
Fustigar.	Frustare.	Fustiger.

10

Troub.	*Cat.*	*Esp.*
Castic.	Castig.	Castigo.
Castiador.	Castigador.	Castigador.
Tormentar.	Tormentar.	Tormentar.
Decolacio.	Decollació.	Degollacion.
Confrontacio.	Confrontació.	Confrontacion.
Confrontar.	Confrontar.	Confrontar.
Ultratge.	Ultratge.	Ultrage.
Tort.	Tort.	Tuerto.
Diffamacio.	Diffamació.	Difamacion.
Rufian.	Rufiá.	Rufian.
Maltractar.	Maltractar.	Maltratar.
Raubar.	Robar.	Robar.
Raubador.	Robador.	Robador.
Abusar.	Abusar.	Abusar.
Dampnificar.	Dampnificar.	Damnificar.

Les mots qui précèdent donneraient lieu à diverses
surprenant que la langue latine, qui a fourni à la romane,
exprimer l'action, le droit d'hériter ou de déshériter;
tar, desheretar; 2°. je remarque plusieurs autres verbes
du moins très utiles à la langue; *justiciar, sentenciar,*

§. XIX.

ARMES, GUERRE, COMBATS,

Troub.	*Cat.*	*Esp.*
Alabarda.	Alabarda.	Alabarda.
Flecha.	Fletxa.	Flecha.
Dart.	Dard.	Dardo.
Lanseta.	Llanceta.	Lanceta.
Lansada.	Llansada.	Lanzada.
Lansar.	Llansar.	Lanzar.
Peirier.	Pedrer.	Pedrero.
Mina.	Mina.	Mina.
Minar.	Minar.	Minar.
Corredor.	Corredor.	Corredor.

Port.	*It.*	*Fr.*
Castigo.	Castigo.	Chasti.
Castigador.	Gastigatore.	Castiere.
Tormentar.	Tormentare.	Tourmenter.
Degollação.	Decollazione.	Décollation.
Confrontação.	Confrontazione.	Confrontation.
Confrontar.	Confrontare.	Confronter.
Ultraje.	Oltraggio.	Oltrage.
Torto.	Torto.	Tort.
Diffamação.	Diffamazione.	Diffamation.
Rufião.	Ruffiano.	Ruffien.
Maltratar.	Maltrattare.	Maltraiter.
Roubar.	Rubare.	Rober.
Roubador.	Rubatore.	Robeor.
Abusar.	Abusare.	Abuser.
Danificar.	Dannificare.	Dampnisier.

observations, je me borne aux suivantes : 1°. n'est-il pas *hæres*, substantif, *héritier*, n'eût pas de verbes pour il a fallu que les langues néolatines se donnassent *here-* qui, dérivés de substantifs latins, étaient nécessaires, ou *penar, tormentar, confrontar, dampnificar, adulterar.*

§. XIX.

BATAILLE, TOURNOIS, ETC.

Port.	*It.*	*Fr.*
Alabarda.	Alabarda.	Hallebarde.
Frecha.	Freccia.	Flèche.
Dardo.	Dardo.	Dard.
Lanceta.	Lancetta.	Lancette.
Lançada.	Lanciata.	Lançade.
Lançar.	Lanciare.	Lancer.
Pedreiro.	Petrero.	Pierrier.
Mina.	Mina.	Mine.
Minar.	Minare.	Miner.
Corredor.	Corridore.	Coureur.

Troub.	*Cat.*	*Esp.*
Guardar.	Guardar.	Guardar.
Garda.	Guarda.	Guarda.
Gardian.	Guardiá.	Guardian.
Gardador.	Guardador.	Guardador.
Angarda.	Avantguarda.	Avanguarda.
Reiregarda.	Retraguarda.	Retaguarda.
Esgardar.	Esguardar.	Esguardar.
Guerra.	Guerra.	Guerra.
Guerrer.	Guerrer.	Guerrero.
Guerreiador.	Guerrejador.	Guerreador.
Guerreiar.	Guerrejar.	Guerrear.
Defendedor.	Defenedor.	Defendedor.
Banda.	Banda.	Banda.
Guida, guia.	Guia.	Guia.
Guidaire, guiador.	Guiador.	Guiador.
Guidar.	Guiar.	Guiar.
Desfiar.	Desafiar.	Desafiar.
Fortalessa.	Fortalesa.	Fortaleza.
Contrafort.	Contrafort.	Contrafuerte.
Scarmussa.	Escaramussa.	Escaramuza.
Assetiar.	Assetjar.	Asediar.
Assalt, assaut.	Assalt.	Asalto.
Assaliador.	Assaltador.	Asaltador.
Assautar.	Assaltar.	Asaltar.
Afrontar.	Afrontar.	Afrontar.
Sac.	Saco.	Saco.
Pilatge.	Pillatge.	Pillage.
Plagar.	Plagar.	Plagar.
Ensanglentar.	Ensagrentar.	Ensagrentar.
Gastar.	Gastar.	Gastar.
Desarmar.	Desarmar.	Desarmar.
Colp.	Colp.	Golpe.
Signalar.	Senyalar.	Señalar.
Signal.	Senyal.	Señal.
Arson.	Arsó.	Arzon.
Coirassa.	Cuyraça.	Coraza.
Cota.	Cota.	Cota.
Arnes.	Arnes.	Arnes.

ROMANE RUSTIQUE.

Port.	*It.*	*Fr.*
Guardar.	Guardare.	Garder.
Guarda.	Guardia.	Garde.
Guardião.	Guardiano.	Gardien.
Guardador.	Guardatore.	Gardeur.
Vanguarda.	Vanguardia.	Avant-garde.
Retaguarda.	Retroguardia.	Arrière-garde.
Esguardar.	Sgardare.	Esgarder.
Guerra.	Guerra.	Guerre.
Guerreiro.	Guerriero.	Guerrier.
Guerreador.	Guerreggiatore.	Guerroyeur.
Guerrear.	Guerreggiare.	Guerroyer.
Defendedor.	Difenditore.	Défendeur.
Banda.	Banda.	Bande.
Guia.	Guida.	Guide.
Guiador.	Guidatore.	Guieres.
Guiar.	Guidare.	Guider.
Desafiar.	Sfidare.	Desfier.
Fortaleza.	Fortezza.	Forteresse.
Contraforte.	Contrafforte.	Contrefort.
Escaramuça.	Scaramuccia.	Escarmouche.
Assediar.	Assediare.	Assegier.
Assalto.	Assalto.	Assaut.
Assaltador.	Assalitore.	Assailleur.
Assaltar.	Assaltare.	Asalter.
Affrontar.	Affrontare.	Affronter.
Saque.	Sacco.	Sac, saccage.
Pilhagem.	Piglio.	Pillage.
Chagar.	Piagare.	Plaier.
Ensanguentar.	Insanguinare.	Ensanglanter.
Gastar.	Guastare.	Gaster.
Desarmar.	Disarmare.	Désarmer.
Golpe.	Colpo.	Coup.
Sinalar.	Segnalare.	Signaler.
Sinal.	Segnale.	Signal.
Arção.	Arcione.	Arçon.
Couraça.	Corazza.	Cuirasse.
Cota.	Cotta.	Cotte de maille
Arnez.	Arnese.	Harnois.

Troub.	*Cat.*	*Esp.*
Artilleria.	Artilleria.	Artilleria.
Garnir.	Guarnir.	Guarnir.
Garnimen.	Guarniment.	Guarnimiento.
Garnison.	Garnison.	Guarnicion.
Fugir.	Fugir.	Fugir.
Tregua.	Tregua.	Tregua.
Escampar.	Escapar.	Escapar.
Pressa.	Pressa.	Priesa.
Presa.	Presa.	Presa.
Pres.	Pres.	Preso.
Prezonier.	Presoner.	Prisionero.
Conquistar.	Conquistar.	Conquistar.
Preservacio.	Preservació.	Preservacion.
Tornei.	Tornetj.	Torneo.
Torneiar.	Tornejar.	Tornear.
Justa.	Justa.	Justa.
Justar.	Justar.	Justar.
Justador.	Justador.	Justador.
Ajustar.	Ajustar.	Ajustar.
Ajustamen.	Ajustament.	Ajustamiento.
Brandir.	Brandir.	Brandir.

On trouve ici divers mots relatifs à la guerre, non *mina*, etc.

§. XX.

RELIGION, CROYANCES,

Troub.	*Cat.*	*Esp.*
Celestial.	Celestial.	Celestial.
Cathezizar.	Catequisar.	Catequizar.
Canonizar.	Canonisar.	Canonizar.
Canonizacio.	Canonisació.	Canonizacion.
Canonista.	Canonista.	Canonista.
Preguiera.	Preguiera.	Pregaria.
Confessar.	Confessar.	Confesar.
Vodar.	Votàr.	Votar.
Capa.	Capa.	Capa.

Port.	*It.*	*Fr.*
Artilheria.	Artiglieria.	Artillerie.
Guarnecer.	Guarnire.	Garnir.
Guarnecimento.	Guarnimento.	Garnement.
Guarnição.	Guarnigione.	Garnison.
Fugir.	Fuggire.	Fuir.
Tregoa.	Tregua.	Trève.
Escapar.	Scampare.	Eschapper.
Pressa.	Pressa.	Presse.
Preza.	Presa.	Prise.
Prisão.	Prigione.	Prison, pris.
Prisioneiro.	Prigioniere.	Prisonnier.
Conquistar.	Conquistare.	Conquester.
Preservação.	Preservazione.	Préservation.
Torneyo.	Torneo.	Tournoi.
Tornear.	Torneare.	Tournoyer.
Justa.	Giostra.	Jouste.
Justar.	Giostare.	Jouster.
Justador.	Giostratore.	Jousteur.
Ajustar.	Aggiustare.	Ajouster.
Ajustamento.	Aggiustamento.	Ajustement.
Brandir.	Brandire.	Brandir.

dérivés du latin : *alabarda, flecha, dart, peirier,*

§. XX.

SUPERSTITIONS, ETC.

Port.	*It.*	*Fr.*
Celestial.	Celestiale.	Celestial.
Catequizar.	Catechizzare.	Catéchiser.
Canonizar.	Canonizzare.	Canoniser.
Canonizacão.	Canonizzazione.	Canonisation.
Canonista.	Canonista.	Canoniste.
Pregaria.	Preghiera.	Prière.
Confessar.	Confessare.	Confesser.
Votar.	Votare.	Vouer.
Capa.	Cappa.	Cape.

Troub.	*Cat.*	*Esp.*
Capelan.	Capellá.	Capellan.
Capelania.	Capellania.	Capellania.
Cathedral.	Catedral.	Catedral.
Festa.	Festa.	Fiesta.
Festejar.	Festejar.	Festejar.
Solemnisar.	Solemnisar.	Solemnizar.
Septuagesima.	Septuagesima.	Septuagesima.
Relicari.	Reliquiari.	Relicario.
Corporal.	Corporal.	Corporal.
Crucific.	Crucifix.	Crucifixo.
Crucificar.	Crucificar.	Crucificar.
Prestre.	Preste.	Preste.
Sacristan.	Sagristá.	Sacristan.
Monge.	Monjo.	Monge.
Bedel.	Bedell.	Bedel.
Campanier.	Campaner.	Campanero.
Tonsurar.	Tonsurar.	Tonsurar.
Clercia.	Clerecia.	Clerecia.
Martiriar.	Martirisar.	Martirizar.
Penitencial.	Penitencial.	Penitencial.
Tomba.	Tomba.	Tumba.
Resuscitar.	Resuscitar.	Resucitar.
Descreire.	Descreurer.	Descreer.
Endiablar.	Endiablar.	Endiablar.
Paganisme.	Paganisme.	Paganismo.
Idolatrar.	Idolatrar.	Idolatrar.
Destin.	Destino.	Destino.
Fada.	Fada.	Hada.
Fadar.	Fadar.	Hadar.
Azar.	Azar.	Azar.

Ce paragraphe, relatif à la religion, aux croyances, mots dont la racine est latine; il est pourtant remar-substantif latin *fatum*, et que de ce dernier mot soient *fadar,* verbe, *fée*, *féer*.

Port.	*It.*	*Fr.*
Capellão.	Cappellano.	Capelan.
Capellania.	Cappellania.	Chapellenie.
Cathedral.	Cattedrale.	Cathédral.
Festa.	Festa.	Feste.
Festejar.	Festeggiare.	Festoyer.
Solemnisar.	Solennizzare.	Solemniser.
Septuagesima.	Settuagesima.	Septuagésime.
Relicario.	Reliquiario.	Reliquaire.
Corporal.	Corporale.	Corporal.
Crucifixo.	Crocifisso.	Crucifix.
Crucificar.	Crocificare.	Crucifier.
Preste.	Prete.	Prêtre.
Sacristão.	Sagrestano.	Sacristain.
Monge.	Monaco.	Moine.
Bedel.	Bidello.	Bedeau.
Campainhero.	Campanajo.	Campanier.
Tonsurar.	Tonsurare.	Tonsurer.
Clerezia.	Chiericia.	Clergie.
Martirisar.	Martirizzare.	Martiriser.
Penitencial.	Penitenziale.	Pénitentiel.
Tumba.	Tomba.	Tombe.
Resuscitar.	Risuscitare.	Ressusciter.
Descrer.	Discredere.	Décroire.
Endiabrar.	Indiavolare.	Endiabler.
Paganismo.	Paganesmo.	Paganisme.
Idolatrar.	Idolatrare.	Idolâtrer.
Destino.	Destino.	Destin.
Fada.	Fata.	Fée.
Fadar.	Fatare.	Féer.
Azar.	Azzardo.	Hazard.

aux superstitions, offre nécessairement beaucoup de quable que le substantif roman, *destin*, ait remplacé le dérivés pour les langues néolatines *fada*, substantif,

Le grand nombre et l'identité de ces rapports [1], dans les six langues néolatines, ne laisseront plus de doute sur l'origine commune de ces langues, sur l'existence d'un type primitif. [2]

[1] Si je l'avais cru nécessaire, plusieurs autres exemples, que je n'ai pas cités, et qu'on trouvera parmi les divers articles du *Lexique roman,* auraient été classés dans ces paragraphes; d'ailleurs je n'ai indiqué que des mots appartenant aux six langues néolatines; j'ai renoncé à ceux qui se rencontrent seulement dans cinq, dans quatre de ces langues, etc.

[2] Il faudrait ici de longs développements pour rappeler les différentes modifications que chacune des langues néolatines a, selon son caractère et ses besoins, imposées à plusieurs des mots de la romane primitive : je me borne à quelques unes des principales.

CATALAN. — Cette langue, comme celle des troubadours, supprime souvent le N final des substantifs et des adjectifs, surtout quand ils ne sont pas dérivés du latin, et la voyelle, qui précédait immédiatement ce N supprimé, est presque toujours marquée d'un accent aigu : *ancià, plé, camí, caní, falcó, dejú*, etc., etc. Quelquefois le catalan ajoute l'Y final à des mots terminés en AN, *afan, engan*, etc., *afan*Y, *engan*Y; il supprime aussi en certains mots le D intérieur : *manamen* pour MAN*d*AMEN, *recomanar* pour RECOMAN*d*AR.

ESPAGNOL. — Cette langue place ordinairement un I avant l'E dans l'intérieur des mots : *mandamento,* MANDAMIENTO; change l'o intérieur en UE, *cor,* CUER, *dona,* DUENA, *porta,* PUERTA. Quand deux mêmes consonnes se trouvent dans l'intérieur d'un mot, souvent l'espagnol n'en conserve qu'une.

PORTUGAIS. — La langue portugaise supprime souvent le L de l'intérieur des mots : FI*la*R, *fiar;* CE*lo*, *ceo;* SA*l*UDE, *saude;* A*l*A, *aa,* CO*lo*R, DO*lo*R, *cõr, dõr :* l'accent circonflexe avertit de la suppression d'un o. Elle change le PL en CH; PL*aga, ch*AGA, et supprime parfois le N placé avant la voyelle finale dans les mots, comme PLA*n*O, *chao;* PLE*n*O, *cheo*. Elle remplace de même le L intérieur des mots par le R : C*l*ARO, craro; OB*l*IGAR, obrigar; change l'AU roman en OU : AUR, *ouro*. Le M est souvent substitué au N final : *commum*, *jardim*; et ce M final est quelquefois ajouté à des mots terminés en *i : mi, outrosi*, MI*m*, OUTROSI*m*, etc., etc.

ITALIEN. — La langue italienne rejette, comme une aspérité, la pro-

Il me reste à résumer mon travail, en choisissant dans ces langues plusieurs désinences identiques de divers substantifs, adjectifs et verbes.

Le rapprochement de ces nombreuses flexions offrira une nouvelle preuve de la réalité du type commun, et surtout il révélera, à la curiosité des philologues, le mé-

nonciation de deux consonnes différentes qui se suivent dans un mot, et, par euphonie, elle substitue à l'une la répétition de l'autre : *obviare*, OVVIARE ; *acto*, *pacto* : ATTO, PATTO. On trouve quelques exceptions pour des mots qui ont intérieurement *lt*, ASSA*lt*ARE, *olt*RAGGIO, etc. Elle a pris l'I au lieu de l'E, dans la préposition *di*, et dans les augments *de*, *re*, qui alors sont changés en *di*, *ri*, etc.

FRANÇAIS. — Voyez, pour les changements de l'A roman primitif en E, les *Observations sur le Roman de Rou*, p. 6–12.

Pour les verbes surtout, le français supprima très souvent la consonne intérieure du mot latin ou roman ; en voici quelques exemples :

LATIN.	TROUBADOURS.	FRANÇAIS.
Ligare	*LiGar.*	Li-er.
LauDare.	*Lauzar.*	Lou-er.
MuTare.	*MuDar.*	Mu-er.
SuDare.	*Suzar.*	Su-er.

Et ainsi des mots : cri-er, châti-er, nou-er, convi-er, mari-er, pri-er, pli-er, publi-er, mendi-er, salu-er, ni-er, jou-er, éternu-er, etc., etc.

TROUBADOURS.	FRANÇAIS.	TROUBADOURS.	FRANÇAIS.
Traucar.	Trou-er.	*AsseGurar.*	Asse-urer.
FaDar.	Fé-er.	*AgraDar.*	Agré-er.

Je donne ici cet aperçu de quelques unes des modifications de mots faites par les langues néolatines, parce que ces changements mêmes concourent à prouver l'identité primitive de ces mots, que chacune de ces langues, en se détachant de la romane rustique, modifia d'après son caractère particulier.

Je crois inutile d'avertir que les voyelles euphoniques, ajoutées par quelques langues néolatines à la fin des mots primitifs romans, doivent être comptées comme de simples modifications.

J'espère donner ailleurs des développements philologiques qui démontreront que chacune de ces langues a remanié les mots primitifs d'après un système régulier et constant.

canisme simple et constant qui, dans ces six langues nouvelles, a marqué, d'une empreinte spécialement uniforme, une aussi grande quantité de mots, les uns entièrement étrangers à la langue latine, les autres modifiés de cette langue par la seule adoption de la racine, et par la substitution d'une désinence nouvelle et commune.

TABLEAU DE DIVERSES DÉSINENCES DE MOTS ROMANS.

Ce tableau présentera successivement quelques uns des substantifs, adjectifs et verbes romans qui n'ont pas été dérivés du latin, ou qui, en conservant la racine latine, ont changé la désinence.

§. Ier.

CHOIX DE DIVERS SUBSTANTIFS QUE LES SIX LANGUES NÉOLATINES N'ONT PAS EMPRUNTÉS AU LATIN.

A.

Ac.	Sac. [1]	Ada.	Bugada, fada.
Ala.	Bala, sala.	Alda.	Falda.
Alha.	Talha.	An.	Afan.
Anc.	Banc, flanc.	Anda.	Banda, guirlanda.
Ian.	Gardian, rufian.	Anh.	Gazanh.
Oan.	Cordoan.	Uan.	Guan.
Andra.	Çalandra.	Ansa.	Dansa, pansa.
Ar.	Azar.	Arc.	Marc, parc.
Arca.	Barca.	Arda.	Garda, alabarda.
Ardia.	Coardia.	Arga.	Farga.
Arra.	Barra.	Art.	Dart, bastart.
Asa.	Brasa.	Assa.	Cassa, bagassa.
At, *m.*	Barat, at.	At, *f.*	Dyaphanitat.
Ata.	Barata, sabata.	Atge.	Bagatge.

[1] Saccagement.

E.

Ec.	Bec.	Echa.	Flecha.
Eda.	Seda.	Egua.	Tregua.
El.	Martel, fardel.	Ela.	Gabela.
Elh.	Batelh.	Elha.	Botelha.
En.	Palafren, abaissamen.	Enda.	Benda.
Engua.	Arengua.	Era.	Galera.
Erc.	Alberc.	Erla.	Perla.
Erra.	Guerra, barrera.	Es.	Arnes.
Esta.	Foresta.	Eta.	Lanseta.
Eza.	Baisseza.		

I.

I.	Alcali.	Ic.	Pic.
Icle.	Cicle.	Ida.	Brida, caramida, crida.
Ier.	Brasier.	Iga.	Botiga.
Il.	Baril.	Ila.	Fila.
In.	Camin, jardin, assassin.	Ina.	Mina.
Is.	Vernis.	Isa.	Camisa.
Ison.	Garnison.	Ista.	Lista.
Uit.	Bruit.		

O.

O.	Lato, girgo.	Oana.	Doana.
Oart.	Balloart.	Oc.	Boc.
Ofa.	Cofa.	Oga.	Droga.
Ola.	Bola.	Ota.	Cota.
Olp.	Colp.	On.	Baston, boton.
Op.	Galop.	Dor.	Trobador, cassador.
Orra.	Borra.	Osc.	Bosc.
Ost.	Cost.	Ot.	Trot.
Ota.	Cota, bota.		

U.

Uida.	Guida.	Uisa.	Guisa.
Ur.	Azur.	Ussa.	Scarmussa.

§. II.

CHOIX DE DIVERS SUBSTANTIFS DONT LES SIX LANGUES NÉOLATINES ONT EMPRUNTÉ LA RACINE AU LATIN, ET ONT CHANGÉ LA DÉSINENCE.

A.

	Latin.	*Roman.*		*Latin.*	*Roman.*
Ac.	*Saccus.*	Sac.	Ada.	*Piper.*	Pebrada.
	Caballus.	Cavalcada.		*Diurnus.*	Jornada.
Adaria.	*Pratum.*	Pradaria.	Agre.	*Vinum acre.*	Vinagre.
Aire.	*Trobar.*	Trobaire.	Airia.	*Barba.*	Barbairia.
Al.	*Casa.*	Casal.	Alc.	*Giro falco.*	Gerfalc.
Alh.	*Batuere.*	Batalh.	Alha.	*Batuere.*	Batalha.
Oalha.	*Victus.*	Vitoalha.	Alt.	*Salire.*	Assalt.
Am.	*Clamare.*	Reclam.	An.	*Panis.*	Compan.
	Civitas.	Ciutadan.	Ana.	*Capere.*	Cabana.
	Fons.	Fontana.	Anda.	*Via, victus.*	Vianda.
Anha.	*Mons.*	Montanha.	Ania.	*Capella.*	Capellania.
Ansa.	*Corda.*	Acordansa.		*Us.*	Usansa.
	Simulare.	Semblansa.	Appa.	*Caput.*	Cappa.
Ar.	*Baccalaureus.*	Bacalar.		*Pila.*	Pilar.
Ara.	*Clarus.*	Glara.	Aria.	*Caballus.*	Cavalaria.
Arga.	*Currus.*	Carga.	As.	*Passus.*	Compas.
Assa.	*Corium.*	Coirassa.	Ast	*Contrastare.*	Contrast.
At, *m.*	*Batuere.*	Debat.		*Dux.*	Ducat.
At, *f.*	*Bellus.*	Beltat.		*Amicitia.*	Amistat.
Ata.	*Datum.*	Data.	Atge.	*Via.*	Viatge.
	Ultra.	Ultratge.		*Persona.*	Personatge.
	Us.	Usatge.	Aza.	*Basis.*	Baza.

E.

Edor.	*Batuere.*	Batedor.		*Corre.*	Corredor.
Ei.	*Tornare.*	Tornei.	Eira.	*Ripa.*	Ribeira.
	Manus.	Maneira.	Iera.	*Lavare.*	Lavandiera.
Eit.	*Profectus.*	Profeit.	El.	*Dominus.*	Donzel.
Elha.	*Cornix.*	Cornelha.		*Novus.*	Novelha.

	Latin.	Roman.		Latin.	Roman.
Ella.	*Domina.*	Donzella.	Men.	*Salvatio.*	Salvamen.
	Punctum.	Apuntamen.		*Casa.*	Casamen.
	Nasci.	Nayssemen.		*Via.*	Desviamen.
	Crescere.	Creissemen.		*Movere.*	Movimen.
Encia.	*Carere.*	Carencia.	Enda.	*Facere.*	Fazenda.
	Tendere.	Tenda.	Enh.	*Dignari.*	Desdenh.
Er.	*Placere.*	Plaser.	Era.	*Pyrus.*	Pera.
	Primum ver.	Primavera.	Ercia.	*Clericus.*	Clercia.
Erta.	*Coopertus.*	Cuberta.	Es.	*Prehendere.*	Pres.
Essa.	*Dux.*	Duguessa.		*Fort.*	Fortalessa.
Est.	*Præstatio.*	Prest.	Esta.	*Festum.*	Festa.
Estia.	*Carere.*	Carestia.	Et.	*Clarus.*	Claret.
	Saccus.	Saquet.	Eta.	*Viola.*	Violeta.
Eza.	*Altus.*	Alteza.	Ezza.	*Asper.*	Asprezza.
	Grandis.	Grandezza.			

I.

I.	*Caput.*	Capitani.		*Electuarium.*	Lectuari.
Ic.	*Castigare.*	Castic.	Ieg.	*Desiderium.*	Desieg.
Ier.	*Barba.*	Barbier.		*Prehendere.*	Presonier.
Iera.	*Carrus.*	Carriera.	Uiera.	*Precari.*	Preguiera.
In.	*Destinare.*	Destin.	Ina.	*Mare.*	Marina.
Inta.	*Quintus.*	Quinta.	Is.	*Visus.*	Avis.
Issa.	*Pel.*	Pelissa.	Ista.	*Lex.*	Legista.
	Canon.	Canonista.		*Visus.*	Vista.
It.	*Quiritare.*	Crit.		*Cabra.*	Cabrit.

O.

Obla.	*Copula.*	Cobla.	Odi.	*Custos.*	Custodi.
Omba.	*Tumulus.*	Tomba.	Oms.	*Vicecômes.*	Viscoms.
Ompra.	*Comparatio.*	Compra.	Ompte.	*Computus.*	Compte.
On.	*Corda.*	Cordon.	Oncha.	*Punctum.*	Poncha.
Onstra.	*Monstrare.*	Monstra.	Ontra.	*Contra.*	Encontra.
Opa.	*Cupa.*	Copa.	Io.	*Indiscretus.*	Indiscretio.
Ion.	*Campus.*	Campion.	Or.	*Forum.*	For.
Ora.	*Morari.*	Demora.	Oria.	*Senior.*	Senhoria.
Ors.	*Succurrere.*	Socors.	Ort.	*Corda.*	Accort.
	Tortus.	Tort.	Otja.	*Locare.*	Lotja.
Ova.	*Probatio.*	Prova.			

U.

	Latin.	Roman.		Latin.	Roman.
Uda.	*Adjutorium.*	Ajuda.	Ueit.	*Bis coctus.*	Biscueit.
Uga.	*Testudo.*	Tartuga.	Uilla.	*Acutus.*	Aguilla.
Unta.	*Jungere.*	Junta.	Ura.	*Caballus.*	Cavalcadura.
	Cingere.	Centura.		*Venir.*	Aventura.
	Cooperire.	Cubertura.	Urier.	*Venir.*	Aventurier.
Uta.	*Disputatio.*	Disputa.			

Je me suis presque toujours borné à rapporter un seul exemple, quand j'aurais pu indiquer un très grand nombre de substantifs romans formés par le même mécanisme grammatical. Je n'ai voulu ici que constater le fait primitif.

§. III.

CHOIX FAIT, PARMI LES SIX LANGUES NÉOLATINES, DE QUELQUES ADJECTIFS EMPRUNTÉS A DES LANGUES ÉTRANGÈRES.

A.

Anc.	Blanc.	Art.	Coart.
As.	Bas.	At.	Malvat.
Au.	Brau.		

E.

Es.	Cortes, descortes.	Elh.	Velh, vermelh.

I.

In.	Mesquin.

§. IV.

CHOIX DE DIVERS ADJECTIFS QUI, DANS LES SIX LANGUES NÉOLATINES, ONT TIRÉ LEUR RACINE DU LATIN, ET ONT PRIS UNE DÉSINENCE PARTICULIÈRE.

A.

	Latin.	Roman.	Latin.	Roman.
Al.	*Brutus.*	Brutal.	*Campus.*	Campal.

	Latin.	Roman.		Latin.	Roman.
AL.	*Paternus.*	Paternal.		*Fraternus.*	Fraternal.
	Cor.	Cordial.		*Diurnus.*	Jornal.
	Lex.	Desleal.	AN.	*Antiquus.*	Ancian.
AT.	*Astrum.*	Desastrat.	ATGE.	*Silva.*	Salvatge.

E.

EL.	*Bellus.*	Bel.			
EST.	*Præstò.*	Prest.		*Honestus.*	Deshonest.

I.

I.	*Nesciens.*	Nesci.		*Sapiens.*	Sabi.
ORI.	*Contradictor.*	Contradictori.	IN.	*Finis.*	Fin.

O.

OS.	*Acetum.*	Acetos.		*Cor.*	Coratjos.
	Crassus.	Gros.		*Trabalh.*	Trabalhos.
OSSIER.	*Crassus.*	Grossier.			

U.

IU.	*Discursus.*	Discursiu.		*Excessus.*	Excessiu.
	Unitus.	Unitiu.	UCH.	*Astrum.*	Desastruch.
UT.	*Barbatus.*	Barbut.		*Membrosus.*	Membrut.
	Villosus.	Velut.			

§. V.

CHOIX DE VERBES EN AR QUI EXISTENT DANS LES SIX LANGUES ROMANES, ET DONT LE LATIN N'A PAS FOURNI LA RACINE.

A.	Abaissar.	Abotonar.	Abrasar.
	Acaptar.	Afanar.	Albergar.
	Anar.	Angoissar.	Aplanar.
	Arengar.	Atrapar.	
B.	Baissar.	Balansar.	Ballar.
	Bastar.	Bendar.	Bernicar.

B.	Blanqueiar.	Botar.	Botonar.
	Bramar.	Brillar.	Bufar.
C.	Calar.	Caminar.	Cassar.
	Comensar.	Costar.	
D.	Dansar.	Demarchar.	Derocar.
E.	Embarcar.	Embarrar.	Encaminar.
	Esgardar.	Estirar.	
F.	Fadar.	Forregiar.	
G.	Galaupar.	Guardar.	Guerreiar.
	Guidar.		
L.	Lansar.	Listar.	
M.	Mancar.	Marcar.	Martellar.
	Minar.		
P.	Picar.		
R.	Retirar.	Rimar.	Robar.
	Romansar.		
T.	Talhar.	Tirar.	Tocar.
	Tombar.	Trabalhar.	Trabucar.
	Trovar.		
V.	Varar.		

§. VI.

CHOIX DE VERBES DES SIX LANGUES NÉOLATINES QUI, EMPRUNTANT SEULEMENT LEUR RACINE AUX MOTS LATINS, ONT PRIS LA TERMINAISON EN AR.

A.	Abrassar.	Accentuar.	Acerar.
	Acertar.	Acordar.	Acostar.
	Acostumar.	Acumpanhar.	Afaitar.
	Afinar.	Afrontar.	Agradar.
	Agusar.	Ajustar.	Alinhar.
	Alumnar.	Annular.	Aplanar.
	Apontar.	Argentar.	Assaborar.

ROMANE RUSTIQUE.

A.	Assautar.	Atisar.	Autenticar.
	Aventurar.	Averar.	Aviar.
B.	Baisar.	Balansar.	Banhar.
	Batalhar.		
C.	Cambiar.	Canonisar.	Caponar.
	Cardar.	Casar.	Cathezizar.
	Cavalcar.	Certificar.	Clavelar.
	Confinar.	Confrontar.	Contar.
	Contrariar.	Cridar.	
D.	Damnificar.	Deissoterrar.	Desacordar.
	Desamar.	Desarmar.	Descargar.
	Descarnar.	Descaussar.	Descavalcar.
	Desferrar.	Desfidar.	Desfigurar.
	Desfilar.	Desheretar.	Desmembrar.
	Desnaturar.	Destrempar.	Desviar.
	Diversifiar.	Doctrinar.	
E.	Embasmar.	Emplegar.	Enamorar.
	Encargar.	Encarnar.	Encavalcar.
	Encontrar.	Endiablar.	Enfornar.
	Enginhar.	Enparentar.	Ensanglentar.
	Ensenhar.	Enviar.	
F.	Ferrar.	Festejar.	Filar.
	Forsar.	Fustigar.	
G.	Gastar.	Glosar.	
H.	Habilitar.	Heretar.	
I.	Idolatrar.		
J.	Justar.	Justiciar.	
L.	Lardar.	Licenciar.	Limitar.
M.	Maltraitar.	Maneiar.	Martiriar.
	Mescabar.	Murar.	
O.	Obviar.		
P.	Parlar.	Pasturgar.	Pelar.
	Penar.	Plagar.	Plasmar.
	Pratiquar.	Privilegiar.	Puiar.

R.	Raisfinar.	Ratificar.	Rectificar.
	Recular.	Retornar.	Rigar.
S.	Saborar.	Senhoreiar.	Sentenciar.
	Signalar.	Sobredaurar.	Solemnisar.
T.	Tonsurar.	Tormentar.	Torneiar.
	Trespassar.	Trillar.	
V.	Ventar.	Verdejar.	Virar.

§. VII.

CHOIX DE VERBES QUI, DANS LES SIX LANGUES NÉOLATINES, ONT ABANDONNÉ LES CONJUGAISONS LATINES EN *I*, *ERE*, *IRE*, ETC., POUR PRENDRE LA CONJUGAISON ROMANE AR.

Latin.	*Roman.*	*Latin.*	*Roman.*
Abuti.	Abusar.	*Assidere.*	Assetjar.
Calefacere.	Calfar.	*Colere.*	Cultivar.
Confiteri.	Confessar.	*Contrahere.*	Contractar.
Crucifigere.	Crucificar.	*Debere.*	Endeptar.
Deserere.	Desertar.	*Dulcescere.*	Adolzar.
Miscere.	Mesclar.	*Nivere.*	Nevar.
Oblivisci.	Oblidar.	*Rapere.*	Raubar.
Rectum facere.	Rectificar.	*Resurgere.*	Resuscitar.
Studere.	Estudiar.	*Tremere.*	Tremblar.
Uti.	Usar.	*Vovere.*	Votar.

CORRECTIONS. Page 3, ligne 15, *au lieu de* étudié, *lisez* reconnu.
37, 34, compasco, compasso.

www.ingramcontent.com/pod-product-compliance
Lightning Source LLC
LaVergne TN
LVHW020033170826
845678LV00001B/232

* 9 7 8 0 3 4 3 6 1 3 6 6 2 *